新型城镇化与省直管县改革研究

张占斌 著

商務印書館
创于1897 The Commercial Press
2018年·北京

图书在版编目（CIP）数据

新型城镇化与省直管县改革研究 / 张占斌著. —北京：商务印书馆，2018
ISBN 978-7-100-14985-3

Ⅰ. ①新… Ⅱ. ①张… Ⅲ. ①城市化－研究－中国 ②县－体制改革－研究中国 Ⅳ. ①F299.21②D625

中国版本图书馆CIP数据核字（2017）第180215号

新型城镇化与省直管县改革研究
张占斌　著

商　务　印　书　馆　出　版
（北京王府井大街36号　邮政编码 100710）
商　务　印　书　馆　发　行
三河市尚艺印装有限公司印刷
ISBN 978－7－100－14985－3

2018年4月第1版　　开本 710×1000　1/16
2018年4月第1次印刷　　印张 13

定价：52.00元

目录

第一篇
新型城镇化发展的现实背景

城镇化是伴随工业化发展，非农产业在城镇集聚、农业人口向城镇集中的自然历史过程，是现代化的重要标志。习近平在党的十九大报告中指出，要以城市群为主体构建大中小城市和小城镇协调发展的城镇格局，加快农业转移人口市民化。当前在中国经济新背景下，我国城镇化已经进入转型发展的关键阶段，走以人为本、注重质量的新型城镇化道路，已成为人们的共识。中小城市是联系城市和乡村的重要环节，是城乡发展一体化的战略支点，是大城市不可缺少的“蓄水池”或“拦水坝”，是新型城镇化的主要“战场”。中小城市和小城镇的城镇化质量，关系着中国新型城镇化效益，关系到全面建成小康社会和现代化建设全局。推进省直管县改革，实施体制机制创新，是提高中小城市发展质量的重要手段，也是新型城镇化发展的现实要求。

一、改革开放以来城镇化进程及存在的问题

（一）改革开放以来我国城镇化发展的几个阶段

改革开放以来，伴随着工业化进程加速，我国城镇化经历了一个起点低、速度快的发展过程。1978—2016 年，城镇常住人口从 1.7 亿人增加到 7.9 亿人，城镇化率从 17.9% 提升到 57.4%。城镇化率超过 50% 的临界点，表明我国已经结束了以乡村型社会为主体的时代，开始进入以城镇型社会为主体的新的城镇时代。城镇化的快速推进，对当代中国产生了深刻的影响。城镇化为工业化、信息化和农业现代化提供了空间，改变了中国的人口和产业布局，推动了生产力发展和社会财富积累。如今，我国近 8 亿人生活在城镇，先进制造业

和现代服务业在城镇聚集，城市已经成为支撑我国经济快速发展的核心力量。[①]我国城市发展大体经历了这样几个阶段：

第一阶段，1978 年至 1984 年。这一阶段以农村推行家庭联产承包责任制改革为背景，乡镇企业成为推动县域城镇化的重要力量，有力地促进了农村经济的繁荣和发展，全国形成一批小城市、小城镇。

第二阶段，1985 年至 1992 年。这一阶段以党的十二届三中全会通过的《中共中央关于经济体制改革的决定》为标志，改革重点转向城市，特别是市管县体制的推进，中心城市得到快速发展。

第三阶段，1993 年至 2003 年。这一阶段以建立社会主义市场经济体制为重点，城镇化进程进一步加速。农民的流动范围由最初的本县和本地，逐步发展到跨出省界，从中西部地区向发达的大城市大规模流动。长三角、珠三角等发达地区城镇化快速发展。

第四阶段，2004 年至 2011 年。这一阶段以科学发展观的提出为背景，国家对统筹城乡发展作出制度安排，省直管县改革在具备条件的地方进行试点，县域扩权得到推进。城镇第二、第三产业比重持续上升，城镇就业吸纳能力不断增强。中心城市进一步发展壮大，小城市发展受到一定影响。

第五阶段，2012 年至现在。这一阶段城镇化发展以新型城镇化的提出为背景，重视以人为核心的城镇化，重视城镇化发展质量，政策上推动以城市群为主体构建大中小城市和小城镇协调发展的格局。强调推进城镇化既要积极，又要稳妥，更要扎实。

表1–1 各时期中国城镇化速度比较

时期	年份	平均每年新增城镇人口（万人）	城镇化年均提高幅度（百分点）
“六五”时期	1981—1985	1191	0.86
“七五”时期	1986—1990	1020	0.54
“八五”时期	1991—1995	996	0.53
“九五”时期	1996—2000	2146	1.44
“十五”时期	2001—2005	2061	1.35
“十一五”时期	2006—2010	2153	1.39
“十二五”时期	2011—2012	2102	1.31

引自魏后凯主编：《走中国特色的新型城镇化道路》，社会科学文献出版社 2014 年版，第 7 页。

① 参见中国城市经济学会中小城市经济发展委员会：《中国中小城市发展报告（2013）》，社会科学文献出版社 2013 年版，第 2 页。

（二）城镇化处在加速发展时期

2011年，我国城镇化率首次突破50%，城乡结构发生历史性变化。2015年，我国城镇人口总量达到77116万人，城镇化率达到56.1%，比世界平均水平高约1.2个百分点，比2010年提高了6.15个百分点，年均提高1.23个百分点。5年间城镇人口增长了10137万人，年均增长2028万人，比欧洲一个中等人口规模国家的总人口还要多。

城镇化的快速发展，吸纳了大量农村劳动力转移就业。2015年农民工总量达27747万人，比2010年增长了3524万人。是同期城镇人口总量的34.8%。其中外出农民工16884万人，比2010年增长1549万人，年均增长1.9%；在本地就业的农民工10863万人，比2010年增长1975万人，年均增长4.1%，本地就业农民工增速明显快于外出农民工增速。农民工收入呈快速增长态势，2015年农民工月均收入为3072元，比2010年提高了1382元，年均增长12.7%，远快于同期我国城镇居民收入增速。农民工收入的快速提高，带动农村居民收入增速连续多年超过城镇居民，城乡居民收入差距不断缩小。

2014年，我国东部地区城镇化率为63.6%，东北地区为60.8%，中部地区为49.8%，西部地区为47.4%。东部地区分别比中部、西部地区高13.8个百分点和16.2个百分点。中部地区相当于东部地区2004年的水平，西部地区相当于东部地区2006年的水平。

从发展速度来看，中西部地区城镇化率提升最快。相比2010年，东部地区城镇化率提高3.9个百分点，年均提高0.98个百分点；东北地区城镇化率提高最慢，仅提高3.2个百分点，年均提高0.8个百分点；而中部、西部地区分别提高5.6个百分点和6.0个百分点，年均提高了1.4个百分点和1.5个百分点。总的来看，东部地区和东北地区城镇化正向成熟阶段迈进，中西部地区城镇化还处于快速发展阶段。区域之间城镇化水平存在较大差距，使得我国发展具有较大的回旋空间。中西部地区城镇化的快速发展与经济增长互为支撑。

从集聚能力看，大中小城市和小城镇发展协调性增强，城镇综合功能得到提升，集聚人口和支撑经济的能力也随之提高。截至2015年底，我国共有656

个城市，创造了全国80%的经济总量。同时，城镇建成区人口在10万以上的特大镇有238个，5万以上的镇有885个，这些特大镇在吸纳人口、集聚经济等方面充满活力，发挥了重要作用，成为事实上的城市。从各类城镇吸纳外出农民工的数量来看，省内流动的农民工主要流向小城镇，跨省流动的农民工更倾向于流向地级以上大中城市，如跨省流动农民工77%流入地级以上大城市。直辖市吸纳外出农民工的比重在下降，2014年吸纳外出农民工的比重为8.1%，比2010年下降了0.7个百分点。2015年，上海市外来常住人口为981.65万人，比2014年减少约15万人，同比下降1.5%；北京市外来常住人口也仅比2014年增加3.9万人，增长0.5%，远低于2013年之前的增速，超大城市人口规模控制的政策效应正在逐步呈现。

党的十八大以来，中央提出到2020年实现约1亿农业转移人口落户城镇的目标，出台了推动户籍制度改革、实施居住证制度等举措。2016年底，全国户籍人口城镇化率、常住人口城镇化率分别达到41.2%和57.4%，比2012年分别提高5.9和4.8个百分点。今后一个时期加快农业转移人口市民化，要深化户籍制度改革，降低落户门槛，拓宽落户通道，确保到2020年我国户籍人口城镇化比率提高到45%左右。总的来看，改革开放以来工业化和城镇化的快速展开和互相促进，又推动了信息化和农业现代化的快速发展，城镇吸纳了大量农村劳动力转移就业，提高了城乡生产要素配置效率，推动了国民经济持续快速发展，带来了社会结构深刻变革，促进了城乡居民生活水平全面提升，取得的成就举世瞩目。

（三）城镇化发展存在的问题

改革开放以来，我国城镇化实际上走的是一条粗放外延式的发展道路：一方面，城镇化推进呈现高速度、低质量的特点，农民市民化程度低；另一方面，资源配置效率低，资源环境代价大，城市体系不合理。应该说，我国现在进入了城镇化快速发展阶段和城市病发作阶段的叠加期。①

---

① 参见张占斌主编：《中国新型城镇化健康发展报告（2014）》，社会科学文献出版社2014年版，第5页。

第一，农业转移人口没有融入城市社会。目前农民工已成为我国产业工人的主体，受城乡分割的户籍制度影响，被统计为城镇人口的两亿多农民工及其随迁家属，未能在教育、就业、医疗、养老、保障性住房等方面享受城镇居民的基本公共服务，产城融合不紧密，产业集聚与人口集聚不同步，城镇化滞后于工业化。2015 年常住人口城镇化率达到 56.1%，但是户籍人口城镇化率仅为 39.9%，两者相差 16.2 个百分点。城镇内部出现新的二元矛盾，农村留守儿童、妇女和老人问题日益凸显，给经济社会发展带来诸多风险和隐患。另外，农民工整体素质不高，就业稳定性差，收入水平低，也成为他们融入城市的主要障碍。

第二，城镇土地粗放利用，综合效益较低。2000—2011 年我国城镇建成区面积增长 76.4%，远高于城镇人口 50.5% 的增长速度。[①] 目前，人口和土地仍是支撑我国发展最宝贵的资源红利，城镇化是一次大规模且不可逆的资源综合配置过程。多年来，一些地方政府习惯于越位参与甚至主导要素配置，过度依赖土地出让收入和土地抵押融资来推进城镇建设，建“新城”成风，加剧了土地粗放利用，占用、浪费了大量耕地资源，导致城市“摊大饼”式的扩张，从而更加强化了资源依赖和剥夺农村、农业、农民的城市化路径依赖，农民“被上楼”问题也很突出，使得经济社会转型的空间越来越小。另外，这也威胁到国家粮食安全和生态安全，加大了地方政府性债务等财政金融风险。

第三，城镇空间分布和规模结构不合理。城镇经济社会发展的规划科学性和规范性有待增强，东部一些城镇密集地区资源环境约束越来越紧，中西部资源环境承载能力较强地区的城镇化潜力有待挖掘。部分大城市，特别是超大型城市、特大型城市人口压力偏大，中小城市集聚产业和人口不足，潜力没有得到充分发挥。我国城镇体系和产业布局存在结构性失衡，不少中小城市和小城镇缺乏产业支撑，成为“穷城”“空城”“鬼城”，而大城市往往存在“大而全”的问题，各类产业齐全，部分产业低效聚集，加之进城农民工难以融入城市，导致农民候鸟式跨区流动。

第四，农村体制改革和机制创新仍很滞后。目前，2.6 亿农民进城打工，其中相当一部分，特别是新生代农民工渴望融入城市，但留在农村的宅基地和

① 参见韩启德：《新型城镇化和县域经济发展是一项历史任务》，《人民论坛》2014 年第 10 期。

住房缺少退出机制，导致房屋大面积闲置；同时，农民难以割舍对承包地维持生计的依赖，往往选择进城租房打工，回村重建扩建住房，出现“两头占地且越占越多，农村盖房越盖越空”的局面。此外，随着城乡一体化和人口老龄化状况的发展，部分城市居民因工作、养老、休闲等需要而向农村逆向流动的趋势在某些地区已经显现，但现有土地制度束缚了市场的发育。

第五，土地、空气、水等生态资源环境代价大。一些地方城镇化建设规模扩张过快、占地过多，对保护耕地和粮食安全构成威胁。一些地区的城镇化快速推进，但耕地在减少，过去的鱼米之乡已不再生产粮食。这些地方从粮食主产区变为粮食主销区，把保障国家粮食安全的任务甩给了东北和中西部地区。不仅如此，由于城镇化发展中对资源环境关怀不够，一些地方出现了严重的水污染、空气污染和土地重金属污染等问题，北京等大城市雾霾严重，资源环境代价很大。

第六，城镇化发展体制机制不健全。以往城乡分割的户籍制度、土地制度、社会保障制度以及财税金融、行政管理等制度，已经被打破，但城乡之间尚不能流畅对接，新的有效制度还没有很好地建立起来，过去多年形成并固化的城乡利益失衡格局，制约着农业转移人口市民化，阻碍着城乡发展一体化。

第七，特大镇设市的通道不畅。2014 年，我国城镇建成区人口超过 10 万的镇有 238 个，建成区人口超过 5 万的镇有 885 个。这些特大镇已经具备了城市的人口规模、经济规模和基本形态，但囿于行政体制束缚不能撤镇设市，仍受限于乡镇管理体制和行政框架，用“建设农村、管理农民”的方式来建设城市，使城镇管理建设运行不堪重负，发展活力和增长潜力得不到充分释放。

二、新型城镇化的时代特征

（一）新型城镇化的“中国特色”

改革开放 30 多年来，我国城镇化的发展为经济社会进步和人民生活明显改善做出了重大贡献，推动人民生活从温饱到小康的历史性跨越，推动经济总量跃居世界第二的历史性飞跃，促进了社会生产力发展，这一点要充分肯定。但是，以往的城镇化为了服务于经济快速发展，将注意力集中在土地的开发利用上，在为经济提供发展空间、为地方政府提供财政收入的同时，对普通居民的利益保障、对生态环境的保护重视不够，也存在着“见地不见人”、半城镇化、被城镇化、贵族化城镇化、“大跃进式”城镇化等诸多问题，受到了社会舆论的不少批评。

在我国经济进入中高速增长阶段以后，增速放缓使城镇化发展中的矛盾更加凸显出来，特别是强制拆迁、环境污染、农民工权益、棚户区、零就业家庭等问题饱受诟病，成为引发社会矛盾和群体性事件的重要诱因。随着我国经济社会发展水平和人民生活水平不断提高，人民群众的公平意识、民主意识、权利意识不断增强，对社会不公问题反应越来越强烈。在这种情况下，走出一条有中国特色的新型城镇化道路已经成为一种迫切的需要。

新型城镇化道路是不同于过去的道路，是具有中国特色的健康城镇化道路。这里讲的“中国特色”，主要有三点：

第一，我国是拥有 13 亿多人口的大国，人口总量排名居世界各国第一位，要在实现现代化过程中走新型城镇化道路，应该说是极难的一件事情。在我们这样一个拥有 13 亿多人口的发展中大国实现城镇化，在人类发展史上还没有先例。

第二，我国是一个城乡二元化比较严重的国家，破解城乡二元结构是我国推进新型城镇化的一个非常重要的任务，我们要有耐心和定力。城镇化目标正确，方向对头，有利于破解城乡二元结构，有利于促进社会公平和实现共同富裕。到 2020 年，要解决约 1 亿进城常住的农业转移人口落户城镇，完成约 1 亿人口的城镇棚户区和城中村改造，实现约 1 亿人口在中西部地区的城镇化。

第三，工业化、城镇化和生态文明建设，这三件事情一个也不能少，要同步进行，叠加进行，这个难度比世界上任何一个国家的难度都要大得多，这个过程与任何已经实现现代化的国家的历程都不一样。如果我们走出一条新路，世界经济和生态环境也将从中受益。

我们所理解的“中国特色”，更多的是要考虑这三个特殊的国情，考虑在这个国情的基础上推进新型城镇化建设。我们认为，如果到2050年我国农业转移人口市民化基本保持在平稳线上，城镇化的历史任务能够稳妥完成，那将是一个了不起的世界级水平的成就。

（二）新型城镇化的鲜明特点

那么，什么是新型城镇化？简言之，就是以人为核心、以质量为关键、以改革为动力的城镇化。如果再具体一些怎样讲？以往我也做过归纳，曾提出过4条和6条标准，在一些报纸杂志上发表。经过多年的观察和思索，这里我根据中央城镇化会议和中央城市工作会议的精神，重新归纳出7条，即走以人为本、“四化”同步、城乡互动、科学布局、绿色低碳、传承文化、体制创新的道路。

首先，新型城镇化是坚持以人为本，体现公平共享、包容发展的城镇化。要合理引导人口流动，重点推进农业转移人口市民化，努力提高农民工融入城镇的素质和能力，实现城镇基本公共服务普惠化。以人为本，是科学发展观的核心，是我们党的根本宗旨和执政理念的集中体现，也是城镇化科学发展的根本保证。以往的城镇化，一些地方热衷于“盖高楼”“造新城”，对农民工市民化问题没有给予应有的重视，存在着“见物不见人”的倾向。另一些地方因城镇建设和管理滞后，“城市病”已经显现，影响了城镇居民工作和生活质量。社会各界有许多批评意见和改进建议，也有很多期待。以人为核心的城镇化，就是要努力破解城乡二元体制和城镇内部的二元结构，使城乡居民共享发展成果，过上更加美好幸福的生活。

其次，新型城镇化是坚持“四化”（即工业化、信息化、城镇化、农业现代化）同步，体现产业支撑、就业优先的城镇化。城镇化要有产业支撑，要促进工业化和城镇化良性互动、信息化和城镇化深度融合、农业现代化和城镇化相互协调。有了“四化”并举、“四化”协调，产业（包括金融和技术）发展起来了，城镇就能够集聚人气，具备吸纳就业的能力，实现产城人三方面的融合，并能够向智慧城市前进。没有产业支撑的城镇化，难以提供就业岗位，就是“唱空城计”，就会出现“空城”或“鬼城”。发达国家和东亚一些国家，由于较好地做到了“四化”同步，就实现了现代化。而一些拉美国家则由于“四化”不协调，导致就业问题突出，城市里出现大量贫民窟，现代化进程严重受阻。在城镇化发展中，我们要补上服务业的短板。服务业是城镇就业最大的容纳器，多为中小微企业，有的甚至是夫妻店，铺天盖地，潜力很大，要大力扶持，加快发展。

第三，新型城镇化是坚持城乡互动，体现以城带乡、工农互惠的城镇化。“小康不小康，关键看老乡”，城乡二元结构是制约城乡发展的主要障碍。新型城镇化就是要破解过去因忽略农村、农业、农民问题而造成的城乡分割，促进城乡一体。因此，新型城镇化与新农村建设的关系不是相互分离、相互矛盾，而是相互补台，协调促进。新型城镇化要与农业现代化相辅相成，要严防死守耕地红线，确保国家粮食安全。要探索农村土地集体所有制的有效实现形式，加快构建现代农业经营体系。土地经营权流转、集中、规模经营，要与城镇化进程和农村劳动力转移规模相适应，鼓励发展、大力扶持家庭农场、专业大户、农民合作社、产业化龙头企业等新型主体。要探索农民变市民、进城不离乡、就地就近城镇化的路子。要坚持工业反哺农业、城市支持农村和多予少取放活的方针，健全体制机制，不断加大强农惠农富农政策力度，形成以工促农、以城带乡、工农互惠、城乡一体的新型工农城乡关系，让广大农民平等参与城镇化进程，共同分享城镇化成果。

第四，新型城镇化是坚持科学布局，体现因地制宜、协调有序的城镇化。《全国主体功能区规划》和《国家新型城镇化规划（2014—2020年）》对城镇化总体布局作了安排，提出“两横三纵”的城市化战略格局，要一张蓝图干到底。此外，经济社会发展规划、国土利用规划和城镇建设规划要“三规”合一，只有这样，才能相互统筹、协调发展，规划才能落地，才能有约束性。要根据资源环境承载能力、发展基础和潜力，通过以城市群为主体形态、东中西地区因地制宜、大中小城市和小城镇协调发展的方式，优化城镇化空间布局和城镇规模结构。目前，我国人口向少数特大城市过度集中、城市向东部过度集中的势头越来越明显，造成大城市规模过大，小城市规模太小，地区差距日益扩大，城市布局不够合理。这不仅产生大量的经济问题，而且带来严重的社会、政治和生态问题。中西部地区城市发育明显不足，导致人口长距离大规模流动、资源大跨度调运，极大增加了经济社会运行和发展的成本，不仅不利于全面推进现代化建设，也不利于维护民族团结、保障国家安全。要在京津冀、长三角、珠三角城市群的基础上，在中西部和东北有条件的地区，依靠市场力量和国家规划引导，逐步发展形成若干城市群，使之成为带动中西部和东北地区发展的重要增长极。

第五，新型城镇化是坚持绿色低碳，体现承载力强、和谐宜居的城镇化。要根据城镇人口增长趋势和资源环境变化态势，着力提高城市综合承载力和可持续发展能力，将生态文明融入城镇化全过程。当前，我国正处于城镇化快速发展阶段，随着城市人口的急剧增长及城市规模的迅速扩张，城市综合承载能力备受考验，高投入、高排放、高污染的路子不能再走下去了，必须坚持绿色低碳发展建设智慧城镇。要按照促进生产空间集约高效、生活空间宜居适度、生态空间山清水秀的总体要求，形成生产、生活、生态空间的合理结构；要减少工业用地，适当增加生活用地特别是居住用地，切实保护耕地、园地、菜地等农业空间，划定生态红线；要科学设置开发强度，尽快划定城市，特别是特大城市的开发边界，把城市放在大自然中，把绿水青山保留给城市居民。

第六，新型城镇化是坚持文化传承，体现历史文脉、民族特色的城镇化。城市建设水平是城市生命力所在，也是城市软实力的体现。城镇建设要实事求是确定城市定位，科学规划和务实行动，既不能闭门造车，搞低水平、低质量的重复建设，也不能邯郸学步，不能让中国大地成为外国设计师的试验场，避免走弯路。要依托现有山水脉络等独特风光，让城市融入大自然；要融入让群众生活更舒适的理念，让居民望得见山，看得见水，记得住乡愁；要融入现代元素，更要保护和弘扬传统优秀文化，延续城市历史文脉，体现民族文化的自信；要加强建筑质量管理制度建设，把文化和文明体现在有生命力的建筑中。在促进城乡一体化发展中，既要提升和传播城镇文明，也要保护和尊重乡村文明，要注意保留村庄原始风貌，慎砍树，不填湖，少拆房。

第七，新型城镇化是坚持体制创新，体现“两手”（即市场调节之“手”和政府调控之“手”）结合、改革配套的城镇化。要更加重视市场规律，更好地发挥政府作用，“两手”结合，“两手”都硬。正确处理政府和市场的关系是经济体制改革的核心问题，也是城镇化健康发展的根本性问题。实践证明，成功的城镇化，既是市场调节、自然发展的过程，又是政府调控、规划引导的结果。我国城镇化过程中出现的许多问题都与市场和政府“两只手”的作用没有发挥好、没有协调好密切相关。虽然市场调节存在着外部性等缺陷，但总体上看，我国过去由政府包办、排斥市场作用、忽视民间力量的城镇化道路也有不足，政府过分干预是造成市场信号扭曲、不能正常发挥市场作用的主要因素。同时，政府越位与缺位并存还影响了政府作用的发挥，造成“不该管的管了，该管的却没有管好”的局面。今后，一方面要坚持微观交给市场，充分发挥市场资源配置的决定性作用，把错装在政府身上的“手”换成市场的“手”；另一方面要充分认识到我国城镇化是一项复杂的系统工程，具有复杂性、长期性和艰巨性，在发挥市场作用的同时又要更好地发挥政府在创造制度环境、编制发展规划、管理土地用途、建设基础设施、提供基本公共服务、加强生态环境保护和城乡社会治理等方面的职能。

三、新型城镇化的发展方向和任务

现在我国城镇化发展已经站到新的起点上，《国家新型城镇化规划（2014—2020年）》的颁布，把加快发展中小城市作为优化城镇规模结构的主攻方向，县域的城镇化将面临一次大的机遇。近几年，一些省和自治区省直管县改革呈现出如下新的特点：在完善省直管县财政体制、继续放权县域、减少行政层级的同时，推进省直管县改革与城镇化发展相结合，推动县域城镇化的发展，选择具备条件的县（市）向中心城市方向发展。这一改革趋势在党的十八大后得到了进一步加强。

省直管县改革是行政体制改革的重要内容，对于优化行政层级、调整行政资源、提高行政效率具有重要意义。党的十八大、十八届三中全会明确提出，在具备条件的地方推进省直管县改革。从十几年来各地方探索省直管县改革的经验来看，改革有利于县域城镇化的发展，特别是县城的发展，有利于具备条件的县（市）快速向中心城市发展。

（一）新型城镇化的发展方向

近些年，我们到全国各地调研城镇化发展的情况，感觉到大城市已在多方面处于饱和状态，城镇化发展方向需要优化调整。未来一段时间，城镇化的发展将表现出差异。大城市主要是提高城市质量，优化城市功能，解决好已进城但还没成为“城市人”的那部分农村转移人口的落户问题。新型城镇化的重点在于提高城镇发展质量，在于大中小城市协调发展。这在《国家新型城镇化规划（2014—2020年）》中讲的非常明确：优化城镇规模结构，增强中心城市辐射带动功能，加快发展中小城市，有重点地发展小城镇，促进大中小城市和小城镇协调发展。

有这样两个明确方向：一是加强中小城市的产业支撑。改变以行政层级分配资源的做法，减少城市行政权力对市场机制的干预和对公共资源配置的影响；分散大城市的部分功能，以市场为导向，重点扶持中小城市和小城镇发展。统筹规划城镇体系产业布局，实现不同城市和城市群产业梯度分工协作。在政策上增强县域集聚生产要素的能力，促进县域经济发展。二是加强中小城市公共服务建设。将基本公共服务全覆盖、均等化作为改革的首要方向。深化户籍制度改革，剥离附着在户籍制度上的各种不平等的经济福利和社会福利。当前我国外出农民工中流向直辖市、省会城市和地级市的占65%左右，这种人口流动除了有产业布局的原因，大小城市间在公共资源和社会福利上的差距也是主要原因，这不仅不断加剧城镇化发展格局的不均衡状态，也进一步增大了大城市放开户籍管理的难度。

（二）新型城镇化的任务

新型城镇化发展是一个国家工程，涉及方方面面，《国家新型城镇化规划（2014—2020年）》明确了四大战略任务，即有序推进农业转移人口市民化、优化城镇化布局、提高城市可持续发展能力、推动城乡发展一体化。

第一个战略任务是有序推进农业转移人口市民化，逐步解决长期进城的农民的落户问题。现在，城镇常住人口中有2.34亿农民工及其家属。如此大规模的人口处于“两栖”状态，在城乡间“钟摆式”地流动，从国家发展来说，是一个大问题。这在经济层面上影响产业升级和内需潜力的释放，在社会层面上影响和谐稳定，在城乡层面上影响“三农”问题的解决。推进农民工市民化，既是民生工程，又是发展工程。《国家新型城镇化规划（2014—2020年）》阐明推进农业转移人口市民化，要按照尊重意愿、自主选择、因地制宜、分步推进，存量优先、带动增量的原则，以农业转移人口为重点，兼顾高校和职业技术院校毕业生、城镇间异地就业人员和城区城郊农业人口，促进有能力在城镇稳定就业和生活的常住人口有序实现市民化。到2020年要让1亿左右有能力、有意愿的农民工及其家属在城镇落户。实现这个目标并不容易，但通过努力是可以做到的。要加快人地钱挂钩管理体制的改革完善，国家引导地方政府行为。解决1亿人落户，只占届时农民工总量的1/3左右，而且主要是已经在城镇长期务工经商和举家迁徙的人员；落户的重点主要在县城、地级市和部分省会城市；特大城市、超大城市的人口还要严格控制，随着城市承载能力的增强，将来可适度放宽标准。

第二个战略任务是优化城镇化布局和形态，以城市群为主体形态，促进大中小城市协调发展。优化提升东部地区城市群，培育发展中西部地区城市群，构建“两横三纵”城镇化发展战略格局。在发挥中心城市辐射带动作用的基础上，强化中小城市和小城镇的产业功能、服务功能和居住功能，把有条件的县城、重点镇和重要边境口岸逐步发展成为中小城市。《国家新型城镇化规划（2014—2020年）》对中西部地区的新型城镇化有重点要求，总的方向是通过大中小城市和小城镇协调发展，再接纳1亿左右的人口。国家已确定在中西部地区建设一批重点开发区，要有序推进这些区域的城镇化建设，着力在民族地区、沿边地区培育一些区域性中心城市。发展中小城市、小城镇是改善我国城镇结构的主攻方向，有利于降低人口转移成本、优化生产力布局，有利于减轻大城市的压力、缓解城市发展与资源环境的矛盾。

第三个战略任务是提高城市可持续发展能力，增强公共服务和资源环境对人口的承载能力。加快转变城市发展方式，有效预防和治理“城市病”。加快产业转型升级，强化城市产业支撑，营造良好创业环境，增强城市经济活力和竞争力。优化城市空间结构和管理格局，完善基础设施和公共服务设施，增强对人口集聚和服务的支持能力。提高城市规划科学性，健全规划管理体制机制，提高城市规划管理水平和建筑质量。推进创新城市、绿色城市、智慧城市和人文城市建设，全面提升城市内在品质。完善城市治理结构，创新城市管理方式，提升城市社会治理水平。《国家新型城镇化规划（2014—2020年）》使城市发展、管理有了明确指南，使可持续发展建设得到落实。

第四个战略任务是推动城乡发展一体化，让广大农民平等分享现代化成果。《国家新型城镇化规划（2014—2020年）》阐明，坚持工业反哺农业、城市支持农村和多予少取放活的方针，着力在城乡规划、基础设施、公共服务等方面推进一体化。完善城乡发展一体化体制机制，加快消除城乡二元结构的体制机制阻碍。城镇化并不会自动导致城乡一体化，如何在城镇化的过程中使传统的城乡二元格局的利益分配由失衡走向平衡，实现国民利益分配均等和无歧视，需要更好地发挥政府的作用。《国家新型城镇化规划（2014—2020年）》对牢牢守住18亿亩耕地红线，确保国家粮食安全作出安排。今后一个时期，随着人口增加和城镇化发展，粮食需求还将刚性增长，保障粮食安全的任务十分艰巨。要改变土地城镇化快于人口城镇化和耕地占补平衡上存在的问题，确保国家粮食安全。

四、县域城镇化是新型城镇化的重要内容

当前，我国城镇化发展已经站在新的起点上，机遇和挑战并存。转方式、调结构不可避免地会对城市经济产生一定的影响，进而影响到城镇化的推进。县域经济被认为是新的增长点的突破口，也是新型城镇化推进的关键要素。2014年、2015年省一级政府工作报告对县域经济发展有比较多的表述，并作出发展安排，这是各地把县域经济与城镇化相结合的明确信号。[①] 过去县域经济之所以很少被提及，是因为县域经济更多地表现为农业经济，缺乏进行个体研究的样本意义。现在县域经济早已不局限于农业经济，已发展成为综合的经济

---

① 参见山东省、四川省、湖南省、湖北省、河北省、吉林省、陕西省等省区2014年、2015年政府工作报告。

形态，而且越来越以工业，特别是制造业为主导产业，这样的一种经济形态跟过去有着本质的区别。近几年，县域经济更多体现在承接产业转移、培育区域特色产业方面。《国家新型城镇化规划（2014—2020年）》的发布，标志着新型城镇化走进县域，未来县域经济所承载的内容将更加多元。一方面，它作为国家制造业转移的主要承接地区，肩负着继续发展的重任；另一方面，按照党的十八届三中全会和中央城镇化工作会议的要求，县域有相当部分还要保留农村的形态，承担保障国家粮食安全和生态安全的重任。所以说，我国已进入县域经济大发展的时代。①

县域城镇化是以县、乡镇为单位的城镇化建设过程，发展有其独特性。在县域城镇化的过程中，一方面城镇接受大城市的辐射，将城市的物质文明、精神文明的理念向农村地区扩散，改变人们的思想观念和生活方式，由此衍生出新的空间形态；另一方面，县域城镇化也在优化大中城市的发展结构，提高城市发展质量。

第一，县域城镇化空间更大。目前我国大城市人口承载能力已接近饱和，农村转移人口进城的阻力不断加大，生活成本提高，能稳定留下来的是少数。县域特别是中西部地区工业化基础好的县，城镇化发展将进入加速时期。一般认为，城镇化率在30%—70%时，城镇化进入一个快速推进的时期，它又分为两个阶段：在30%—50%时是加速推进时期；50%是一个转折点，50%—70%是减速推进时期。2013年，我国的城镇化率达到53.7%，越过了拐点，进入由加速向减速转型推进的时期。当前东部地区城镇化率已超过60%，进入到城镇化减速推进时期。比较而言，目前中西部地区城镇化率尚未超过50%的拐点，今后一段时间城镇化进程将会保持较高的速度。我们测算，一些像许昌县这样的中西部县甚至会呈现加速态势。

第二，政策环境会越来越优越。从中央城镇化工作会议，到近几年中央发布的一号文件，都包含着多项推动县域城镇化发展的改革措施，地方政府也纷纷出台相关文件贯彻中央推进城镇化的政策。中西部地区的新型城镇化，总的

① 参见《中国将进入县域经济时代——访中国人民大学经济学院孙久文教授》，凤凰网，2014年2月10日。

方向是通过大中小城市和小城镇协调发展，再接纳 1 亿左右的人口。国家已确定在中西部地区建设一批重点开发区域，有序推进这些区域城镇化建设。中央明确提出，发展中小城市、小城镇是改善我国城镇结构的主攻方向，这将有利于降低人口转移成本、优化生产力布局，有利于减轻大城市的压力、缓解城市发展与资源环境的矛盾。这对县域城镇化发展是重大的政策利好。另外，各地普遍推行的省直管县政策，也为县域城镇化发展提供了良好的发展环境。

第三，县域城镇化农业转移人口成本低。一方面，县域范围内的房价与大中城市相比较低，农村转移人口能够更快地融入城镇生活；另一方面，县域产业主要是以发展劳动密集型产业为主，更适合农村转移人口就业。县域城镇化转移成本低，使得农业转移人口一部分选择了小城镇，这是符合我国国情的选择，就近就地城镇化是统筹城乡发展的重要形式。目前，各地都在进行农业转移人口市民化的探索，其最终目标都是要使农民实现从传统生产生活方式向现代生产生活方式的转变。事实上，农业转移人口市民化的路径，不仅包括转移到大城市的农民的市民化，也包括中小城镇的就近就地市民化等多种形式。

第四，有利于吸收大城市的过剩产能。当前，我国已进入县域经济应当发挥更大作用的阶段，由于经济梯度发展的规律，东部的工业产能正向中西部县域转移。现在如许昌县等中部地区县域，经过多年城镇化发展已经有较好的基础设施，已具备承接一定产能的条件。在国家产业政策的推动下，东部地区产业转移呈加快向外转移的趋势，转移的方向可能是我国的中西部地区，也可能是东南亚国家。我们分析，我国中西部地区还是具有一定竞争优势的，因为城镇化大多是以县城为中心的极化发展，有利于引导产业、资本、人口等要素向县城聚集，促成有效益、有市场的劳动密集产业向中西部地区转移。

五、对省直管县与新型城镇化关系的认识

近年来，党和国家的重要文件与规划中数度提及省直管县改革。从各地实践情况和理论界的研讨来看，人们比较关注的是省直管县改革在加强财政

管理、提高行政效率以及减少行政层级等方面的重要作用，而对省直管县改革与城镇化发展的关系探讨不够。“十三五”规划期间乃至更长时期内，在国家统筹城乡的大背景下，加快城镇化发展和提高城镇化质量，特别需要省直管县改革的有力支撑。因此，在“十三五”规划期间，在全面推进小康社会建设的进程中，需要从加快城镇化发展和提高城镇化质量的角度，加强省直管县改革的战略研究。

（一）城镇化发展与省直管县改革的思想演进

总体来看，国外学者讨论城镇化发展问题最初是围绕农村城市化这个线索展开研究的。早期的有重农主义学者鲍泰罗（1544—1617年）的《城市论：论城市伟大之原因》，杜能1826年的《孤立国同农业和国民经济的关系》，史密斯1925年的《北美：人口、资源、发展及其作为农业、工业、商业地区大陆的发展前景》。马克思在《资本论》等著作中对工业化、城市化发展与城乡关系也有很多的论述，提出从城乡分离、城乡对立到城乡融合是历史的必然。这些研究，强调了城市发展的重要性和乡村城市化的方向。第二次世界大战结束后，围绕城市化发展，西方学界提出了增长极理论、中心-外围理论、传统农业改造论、田园城市理论等，其中二元经济结构论最有影响力，并形成了著名的刘易斯-费-拉模型，该模型强调了城市化对解决城乡关系的重要意义。与此相关，围绕城市化发展，国外学者也加强了地方治理的研究，提出了行政体制改革和行政区划调整的问题，并把企业管理“扁平化”的思想引入行政管理实践，特别是把减少行政层级、提高行政效率作为政府行政改革追求的新目标之一。

从中华人民共和国成立到20世纪末，理论界对如何推进城镇化发展做了大量研究，认为改变城乡落后状态，既要采用刘易斯理论，又要采用舒尔茨理论。主张大体有三类：一是优先发展重工业的主张；二是城乡协调配套改革的主张；三是城乡良性互动的主张。而在讨论城镇化的发展重点时，比较多的争论是重点应放在大城市，还是中等城市，还是小城镇，或者是大中小相结合相协调等。当然，这些政策主张比较多地体现在经济领域。但我们也要注意到，在考虑经济因素的同时，也提出了行政体制改革的支撑问题。在这些思想的影响下，我国城镇化进程中也多次进行了体制改革和行政区划调整。比较有影响的是 20 世纪 80 年代中期以后实行的市管县改革。

进入 21 世纪，理论界对市管县的弊端提出改进建议，多数看法集中在实行省直管县改革方面。一是主张改革的观点。不少学者认为城镇化发展对行政体制改革提出新要求，市管县积弊甚多，宜实行省直管县改革。持这一观点的学者有孙学玉、戴均良等。二是不赞成改革的观点。这种观点认为市管县体制基本适应城乡经济发展规律。持这一观点的学者有王春霞、李金龙等。三是主张省管县与市管县并行的观点，认为省直管县只是局部的适应性改革，市管县体制并没有失去存在的价值，市管县与省直管县在空间上可以并存。持这一观点的学者有刘尚希、何显明等。四是“复合行政”的观点。该观点认为政府职能转变滞后，可采取复合行政来解决行政区经济问题。持这一观点的学者有王健、鲍静等。

现在看来，理论界的讨论虽然意见尚不能完全统一，但有许多的专家学者对省直管县改革持支持态度。理论界的研究探讨，逐渐成为国家决策的重要依据。2005 年 6 月，时任国务院总理温家宝在全国农村税费改革会议上明确提出，具备条件的地方可以推进省直管县的试点。随后，近年中央发布的一号文件和国家“十一五”规划、“十二五”规划，以及党的十八大、党的十八届三中全会，都多次强调要推进省直管县改革。国家财政部也于 2009 年出台了相关的指导性文件。这说明，中央高层对省直管县改革的态度已十分明确。但值得注意的是，2016 年国家“十三五”规划中没有提及省直管县改革，我们认为，这并不说明国家不推进省直管县改革了，而是由于国家注意到了不少中心城市发展撤县设区的现实，或者说，为了推进中心城市发展，国家对许多地方撤县设区的强烈冲动选择了容忍或默许的态度。

（二）加强城镇化发展与省直管县改革的顶层设计

近年来，浙江、海南、江苏、河南、福建、安徽、湖北、广东、辽宁、吉林、江西、河北等二十多个省级政府，从经济管理和社会管理层面构建省直管县体制，推动了城镇化的发展进程，并形成了“浙江模式”“海南模式”“吉林模式”等。“十三五”期间及以后一段时间，是我国加快城镇化发展、提高城镇化质量的重要时期，同时也是省直管县改革取得重大突破的时期。在内容及时间上，两者具有高度的关联性，省直管县改革应与城市化发展趋势和特征相适应。

在城市的发展方向上，我们必须坚持走中国特色城镇化道路，大中小城市和小城镇协调发展是城市化发展的一个原则。省直管县改革要有利于推进城镇化进程，要适应城镇化的发展特点。具备条件的地方可以实行完全意义上的省直管县，有些县可以变成城市的一个区，有些地方可保留市管县的体制，但总的原则是要有利于推进城镇化进程，有利于县域经济社会的发展。我们认为，当前在加速大中城市发展的同时，要把发展中小城镇作为城市化的战略重点，这个重点对国家稳定至关重要。我们不能片面借鉴国外重点发展特大城市的经验，要从中国城镇化的实际情况出发。发展中小城镇，不仅是解决城乡协调发展问题的关键，也是最终解决城市化成本过高问题的关键，只有小城市、小城镇发展得好，大城市才能提高发展的质量。省直管县不但不与城镇化的发展相矛盾，而且有助于推动城镇化的发展，关键是要在城镇化的大背景下来设计和制定相应的省直管县政策。

20 世纪 90 年代以来，在逐渐完善的社会主义市场经济体制中，一些省区陆续推行以强县扩权、县财省管等为主要内容的省直管县改革试点，这项改革至今仍在继续扩大并开始向纵深推进。从改革特点来说，这是从下到上、从易到难、从少到多的改革。这种渐进式改革之所以被采用，很重要的原因就是能够在特定的时空中摊薄改革成本。但总的来看，省直管县问题还不少，推进力度也还有限，这也与缺少中央层面的省直管县改革总体方案有关。特别是伴随着省直管县改革的深入，地方能自己探索的领域已所剩不多，从下往上改革的领域越来越少，需要从上往下改革的领域越来越多，如：划分中央政府与地方政府的职能，进行必要的行政区划改革、省以下司法体制的改革、垂直部门领导体制改革等。这些均需要有更新的路线图，需要加强顶层设计和制度安排。

（三）省直管县改革要为城镇化发展提供强大支撑

2010 年我国城镇化率为 47.5%，经测算，我们设想到中华人民共和国成立

100周年（2049年）时，城镇化率有可能达到75%左右，达到目前发达国家的平均水平。如此，从2010年起，其后40年是我国城镇化发展提高质量的重要时期，要把省管县改革作为推进城镇化的重要着力点。

其一，解冻市建制的审批，加快市制创新。改革开放以来，我国从计划经济体制逐渐转向市场经济体制，在转变过程中我国的设市模式也呈现出多样化的特征，如整县改市、切块设市、市管县、地市合并等，基本适应了我国当时经济发展的客观要求。具体说来，每一种模式都有优点，但也存在一些问题。我国从1997年冻结县改市的审批后，许多地方纷纷通过县改区的方式实行行政区划调整，用以扩大中心城市的幅度，提升改区部分城市化建设水平。随着强县扩权，特别是财政上省直管县的深度推进，县域内城市化发展的要求越来越迫切。我国县级行政区划存在的主要问题，一是中小城市的数量太少，二是许多县的面积较小，机构臃肿。要解决第一个问题，主要是解冻我国县改市的审批工作，把符合条件的经济实力较雄厚、城镇化水平较高的县改为县级市。通过增设县级市满足农村剩余劳动力转移的需要，承接大部分农村向城市转移的人口，并调动地方发展和竞争的积极性，激发县域经济发展活力。我国20世纪90年代制定的设市标准已经远远不适应现在城市建制设置的要求，需要重新修订设市标准。从2010年3月全国人民代表大会期间国家发改委对代表质询的回复可以看到，我国正在研究完善设立县级市的标准，把人口、经济、财政、税收以及城市建设达到一定规模和标准的县（镇）适度改设为市。

其二，重点加强县城中心镇建设，促进县城城市化发展。改革开放以来，我国城镇化取得了巨大成就，但也存在两个问题：一个是城镇化发展偏重于大城市和特大城市，中小城市和小城镇发展不够；另一个是在城镇化进程中比较注重城市规模的扩大和城镇建设的美化，没有为农民真正转为市民提供更多的机会。这种现象的出现与城乡二元体制有直接的关系。省直管县改革制度设计的目的在于推进县域经济社会的发展，在于依靠行政体制改革打破市管县体制的均衡，重建省管县领导体制的均衡，进而冲击存在已久的城乡二元体制。城镇是县域经济的增长极，是县域资源配置和经济发展的组织、指挥、协调、控制中心。县城是县域工业化和城镇化发展最有潜力的区位，是形成城乡经济社会发展一体化新格局的重要战略支点。由于省直管县改革的推进，形成省对县扩权、地级市向县放权的局面，县里对于城镇发展规划有了很大的自主权，这为县域经济发展创造了良好的外部空间。另外很重要的一点是，省财政按财政体制直接结算到县，县级可直接向省争取城镇建设资金支持。这样，发展依托县城的新型城镇化不仅可以逐步形成县域范围内功能互补、协调发展的城镇体系，有效提高农村城镇化的发展质量，而且有利于农村外出劳动力向县城集聚，有利于农民工的合理流动和市民化，改变当前已进城的农民工实际上并没有市民化的“半城镇化”和“假城市化”状态。更重要的是，发展依托县城的新型城镇化可以创造出持续增长的需求。当前，我国的城镇化已进入功能调整、适度集中的新阶段，突出表现为大城市的调整性扩张和小城市的集中发展现象并存。以全国2000多个县城为依托发展中小城市、推进农村城镇化将是未来中国城镇化的重要发展方向。我们建议，在未来30多年把1/4左右，即500个县城（千强镇的半数）发展成为中小城市，连同已经有的600多个城市，一共达到1200个左右的城市，构成城镇化的战略重点。

其三，稳妥进行镇级市试点，加快城市化发展。我国许多经济发达地区的强镇，已经具备了较强的经济实力，无论是在人口数量、工业化程度，还是在环境等方面，都不亚于中小城市。但在发展的过程中却面临“人大衣小”“脚大鞋小”的责权不对等的体制约束问题。行政级别低、财政留成少、人员编制紧、事权不足等多方面的限制，“镇级体制、县级工作量、市级要求”的窘迫处境，成为这些强镇运行的一个真实写照。因此摆脱体制束缚，向上“要权”和“要钱”成了这些强镇发展的内在诉求，强镇扩权成为解决这一窘境的必然选择。2010年上半年，继浙江省温州市试点5个镇级市后，山东省也宣布启动镇级市试点，计划用3至5年时间将省内20多个中心镇培育成小城市。浙江、山东等地镇级市试点并不涉及行政区划层级调整，它的核心要义是：以一个城市的标准来建设和管理一个镇。这项改革是发达省份省直管县改革强力推进的结果。浙江省温州市的镇级市模式为：试点镇扩大了土地使用权、财政支配权、行政审批权和事务管理权。此外，试点镇的书记进入所在县（市）委常委，镇长明确为副县长级，列席县（市）政府常务会议。这样一来，在不涉及行政区划层级调整的情况下，一部分属于县市的经济社会管理权被赋予乡镇一级政府。党政一把手的升级，还让他们在协调工作上有了更多的话语权。从各种资料来看，镇级市试点改革的侧重点不在行政级别上，而在于城市化的发展。另外，广东省顺德“简政强镇”改革对于探索大镇、强镇的发展也很有实践意义，它的发展趋势也是将强镇发展为小城市。

六、新型城镇化综合试点及重点任务

（一）新型城镇化综合试点地区

新型城镇化综合试点，就是要在《国家新型城镇化规划（2014—2020年）》明确的改革总体目标和原则的基础上，围绕农民工市民化成本分担、城镇化投融资、农村土地管理、设市模式等难点问题，选择不同区域、不同城市，重点在农民工融入城镇、新生中小城市培育、城市绿色智能发展、产城融合发展、开发区转型等方面，结合本地发展实际，重点突破薄弱环节，积极探索，闯出新路。截至目前，国家发展和改革委员会同中央机构编制委员会办公室等 11 个部门先后确定了两批国家新型城镇化综合试点地区。

第一批选择江苏、安徽两省和宁波等 62 个城市（县、镇）为国家新型城镇化综合试点地区。第二批将北京市房山区等 73 个城市（县、镇）列为国家新型城镇化综合试点地区。第二批试点扩面，体现了以下几个原则：一是向中西部地区和东北地区适当倾斜；二是根据京津冀协同发展要求适当向京津冀地区倾斜；三是在长江经济带地区选择若干具备条件的开发区进行城市功能区转型试点；四是考虑改革意愿强、发展潜力大、具体措施实的中小城市、县、建制镇及符合条件的开发区和国家级新区；五是将农村土地制度改革试点一并确定为国家新型城镇化综合试点的内容。

第一批国家新型城镇化综合试点地区包括：

省、省会城市、计划单列市：江苏省、安徽省、重庆市（主城九区），广州市、石家庄市、长春市、哈尔滨市、武汉市、长沙市，宁波市、大连市、青岛市。

市、县、区：北京市通州区、天津市蓟县、吉林省吉林市、黑龙江省齐齐哈尔市、黑龙江省牡丹江市、上海市金山区、浙江省嘉兴市、福建省莆田市、江西省鹰潭市、山东省威海市、山东省德州市、河南省洛阳市、湖北省孝感市、湖南省株洲市、广东省东莞市、广东省惠州市、深圳市光明新区、广西壮族自治区柳州市、广西壮族自治区来宾市、河北省定州市、河北省张北县、山西省介休市、内蒙古自治区扎兰屯市、辽宁省海城市、吉林省延吉市、浙江省义乌市、福建省晋江市、江西省樟树市、山东省郓城县、河南省禹州市、河南省新郑市、河南省兰考县、湖北省仙桃市、湖北省宜城市、湖南省资兴市、海南省儋州市、四川省阆中市、贵州省都匀市、云南省大理市、西藏自治区日喀则市桑珠孜区、陕西省高陵县、青海省格尔木市、新疆维吾尔自治区伊宁市、新疆维吾尔自治区阿拉尔市。

建制镇：浙江省苍南县龙港镇、吉林省安图县二道白河镇。

第二批国家新型城镇化综合试点地区包括：

市、县、区：北京市房山区、北京市大兴区、天津市东丽区、内蒙古自治区包头市、上海市浦东新区（临港地区）、上海市松江区、浙江省台州市、河南省濮阳市、广东省茂名市、重庆市綦江区、重庆市大足区、四川省成都市、四川省绵阳市、四川省眉山市、贵州省贵安新区、云南省红河州、陕西省西咸新区、青海省西宁市、河北省威县、山西省孝义市、山西省泽州县、内蒙古自治区赤峰市元宝山区、内蒙古自治区和林格尔县、内蒙古自治区准格尔旗、辽宁省新民市、吉林省梨树县、吉林省抚松县、黑龙江省同江市、黑龙江省安达市、黑龙江省青冈县、浙江省德清县、福建省永安市、福建省邵武市、江西省南昌高新区、山东省章丘市、山东省龙口市、山东省邹城市、河南省长垣县、湖北省宜都市、湖北省松滋市、湖南省津市市—澧县、湖南省芷江县、广东省佛山市南海区、广西壮族自治区北流市、广西壮族自治区全州县、广西壮族自治区平果县、海南省琼海市、海南省文昌市、贵州省遵义县、贵州省湄潭县、贵州省玉屏县、西藏自治区曲水县、陕西省韩城市、甘肃省敦煌市、甘肃省高台县、甘肃省陇西县、青海省门源县、宁夏回族自治区平罗县。

建制镇：天津市中北镇、河北省白沟镇、山西省巴公镇、辽宁省前阳镇、吉林省林海镇、江西省艾城镇、山东省义堂镇、广东省狮山镇、海南省演丰镇、云南省板桥镇、西藏自治区八一镇、西藏自治区泽当镇、宁夏回族自治区宁东镇、新疆维吾尔自治区榆树沟镇、新疆维吾尔自治区北泉镇。

（二）国家新型城镇化综合试点重点任务

建立农业转移人口市民化成本分担机制：按照户籍制度改革要求调整户口迁移政策，出台具体可操作的农业转移人口和其他常住人口落户标准，并向社会公布。建立居住证制度，以居住证为载体建立健全与居住年限等条件相挂钩的基本公共服务提供机制，根据农业转移人口市民化成本分类，明确成本承担主体和支出责任。按照事权与支出责任相适应的原则，合理确定各级政府在教育、基本医疗、社会保障等公共服务方面的事权，建立健全城镇基本公共服务支出分担机制。

建立多元化可持续的城镇化投融资机制：把地方政府债务纳入全口径预算管理，编制公开透明的城市政府资产负债表，建立健全地方政府债券发行管理制度，允许政府通过发债等多种方式拓宽城市建设融资渠道。依据城市规划编制城市基础设施建设规划和融资规划，针对不同项目性质设计差别化融资模式与偿债机制。理顺市政公用产品和服务价格形成机制，放宽准入，完善监管，制定社会资本参与城市公用设施投资运营的鼓励政策。

深化土地管理制度改革：缩小土地征收范围，规范土地征收程序，完善对被征地农民合理、规范、多元的保障机制，建立兼顾国家、集体、个人的土地增值收益分配机制，合理提高个人收益。允许在土地利用总体规划和城乡规划中确定为工矿仓储、商服等经营性用途的存量农村集体建设用地享有与国有建设用地同等的权利，在规划许可、用途管制和依法取得的前提下，可以出让、租赁、入股。完善入市交易规则、服务监管制度和土地增值收益的合理分配机制。在保障农户依法取得的宅基地用益物权基础上，改革完善农村宅基地制度，探索农民住房保障新机制，对农民住房财产权做出明确界定，探索宅基地有偿使用制度和自愿有偿退出机制，探索农民住房财产权抵押、担保、转让的有效途径。及时总结经验、不断完善，形成可复制、可推广的改革成果。

建立行政管理创新和行政成本降低的设市模式：按照城市设置与简化行政

机构联动的原则，在符合行政区划合理调整要求的前提下，选择部分有条件的地方进行撤镇设市设区试点，优化行政层级和行政区划设置，积极借鉴经济发达镇体制改革试点的经验，探索更加精干、高效的组织构架和行政体制。推进扩权强镇改革，促进这些镇更好地吸纳人口、增加经济实力，实现经济社会更好更快发展，充分发挥其在新型城镇化建设中的示范带动作用。

综合推进体制机制改革创新：鼓励试点地区从推进新型城镇化实际出发，在城乡一体体制机制、城乡规划编制和管理体制机制、农业现代化体制机制、城市“多规融合”制度、城市生态文明制度、城市社会治理体系，以及新型城镇化标准体系建设和创新城市、智慧城市、低碳城市、人文城市建设等方面开展形式多样、富有特色的改革探索。

第二篇
城镇化发展与市管县体制的实行

城镇化是人口向城镇聚集，城镇规模扩大，以及由此引起的一系列经济社会变化的过程，其实质是经济结构、社会结构和空间结构的变迁。市镇建制是应城镇化发展之需，由国家设立的行政区划。改革开放以来，我国城镇化进程加速，为适应这一变化，行政区划调整以城市设置为重点，通过市制创新，推进经济社会发展。在这样的背景下，市管县体制就成为我国行政区划改革的重要内容。

一、我国市制的确立和发展

（一）我国市制的确立

近代以来，城镇化是影响行政区划调整的主要因素之一。城镇化影响有两个方面：一是城镇型地区的增多不断要求设立新的市镇建制；二是新的市镇建制对传统的行政区划格局产生重大冲击。[①] 除了少数城邦国家外，古代历史上的行政区划建制都是地域型的乡村行政区划体制，城镇型行政区划建制是近代才产生的。现代市镇最早产生于欧洲工业化时期，以 19 世纪初的英国、法国的市镇自治制度诞生为标志。而且随着工业化、城镇化的发展，具有行政建制的市镇数量逐渐增多。

我国的现代市镇建制产生于 20 世纪 20 年代。清朝末年，在强大的革命浪

① 参见民政部区划地名司：《行政区划问题调查研究报告》（内部资料）上册，第 17 页，2010 年 11 月印制。

潮压力下，清政府派员赴欧美、日本考察这些国家的政制，这些人员回国后提出的预备立宪的建议中，包括了推行地方自治的内容。1909年，清政府公布了《城镇乡地方自治章程》，第一次明确规定城乡分设自治单位，开始了中国城、乡分置设制的历史。1911年，辛亥革命后成立的江苏省临时省参议会通过了《江苏暂行乡制》，其内容与《城镇乡地方自治章程》基本相同，但取消了“城”与“镇”的差别，统一改称为“市”。江苏的这一做法得到一些省份的仿效，纷纷以“市”作为城镇地方自治单位的建制名称。1921年，当时的北京政府颁布了《市自治制》的行政法规，第一次对市的设置做出明确的规范。1928年，南京国民政府在完成北伐、统一中国后，颁布了《特别市组织法》和《普通市组织法》。这两个行政法规在全国范围内得到实施，从而确立了我国的市制。

上述两部法令规定：市分为特别市、普通市两种。特别市直接隶属于中央政府的行政院，不属省的行政范围；普通市隶属于省政府，不属县的行政范围。其后公布的《县组织法》又规定，县域内的城镇地区设镇。这样，市与镇被明确地区分开，县以下不设市只设镇。市、镇都是城镇地区的专门建制，它们的区别仅在于隶属关系不同。1930年，南京政府公布《市组织法》以取代上述两个组织法。这一法律一直沿用到南京政府逃离大陆，期间也做了一些修改，如特别市改称院辖市，普通市改称省辖市。

在国民党政府逃离大陆前夕的1947年12月，其内务部曾草拟《直辖市自治通则》和《市自治通则》两个法规，由于大陆地区迅速解放而未正式颁布，但其主要内容后来成为台湾地区市制的依据：一是确定市为自治建制单位；二是除省辖市外，增设一种县辖市，与镇同属县领导。①

（二）我国市制的发展

我国市制的发展，主要在中华人民共和国成立以后。1947年，国民党政府在中国大陆地区共设市60个；到2013年底，中国大陆地区有直辖市4个，地级市286个，县级市368个，建制镇20117个。60多年来市制的发展，可分为

① 参见田穗生等：《中国行政区划概论》，北京大学出版社2005年版，第112页。

改革开放前和改革开放后两个阶段。

在解放战争后期，随着大批市镇被中国人民解放军占领，中共中央曾规定人口超过5万的城市可以设市，因而在短时间内解放区增设了一批城市。1949年底，大陆市的设置达132个。1955年，国务院公布《关于设置市、镇建制的决定》，规定：聚居人口10万以上的城镇，可以设置市的建制；聚居人口不足10万，但是是重要工矿基地、省级地方国家机关所在地、规模较大的物资集散地或边远地区重要城镇的城镇，确有必要时可以设置市的建制；规模较大、聚居人口较多、由省领导的工矿基地，可设市的建制。这是由国务院明文公布的、唯一一个与市设置标准相关的法令，这一标准一直沿用到20世纪80年代初。在这一法令的指导下，市的设置有了明确的规范，发展也较为平稳，1956年、1957年共增设市12个。

1958年开始的"大跃进"从多方面冲击着国家结构体系。以公社取代乡；全国范围内大规模地合并县建制单位，不久又分开，重新恢复原有的建制单位；在大量设市的同时，又大量撤销市；快速推进市管县体制后，又迅速恢复了原来的体制。"大跃进"这几年中，市制设置极不稳定，设、撤过于频繁。1961年底，全国设市206个，是改革开放前的最高峰，1964年底又减少到167个。

市的设置自1965年开始稳定，但在1967—1968年因"文化大革命"一度停顿，后来又逐年缓慢、稳定地增长，至1978年底，由1964年的167个增加到193个。市被明确地分为三个等级，分别隶属于中央、省和地区。到1978年底，全国有直辖市3个，省辖市98个，地辖市92个。

1978年召开党的十一届三中全会，确立了以经济建设为中心的重大决策，促进了城镇化快速发展。1980年，全国市的总数增加到223个，比1978年增加了30个。为了推进城乡经济的快速发展，1983年5月，民政部向国务院报送了《关于地市机构改革中的几个主要问题的请示报告》，提出了撤县设市和撤销县并入市的标准。经国务院领导批准，这个报告成为国家民政部内部掌握的设市主要依据。

报告提出三个标准：一是总人口在50万以下、县政府驻地非农业人口在8万以上、年工业产值在2亿元以上的县，可以整县改市；二是总人口在50万以上、县政府驻地非农业人口占全县总人口的比例在20%以上、年工业产值在

2亿元以上的县，可以整县改市；三是对少数民族地区、重要工矿区、旅游区，以及在一个地区内一个市也没有的，设市条件可以适当放宽。1983年确立的设立条件，实际上是改革开放以来我国城市设置的一个基本规范。

经过几年的试运行，1986年2月，国家民政部正式向国务院上报了《关于调整设市标准和市领导县条件的报告》，1986年4月，国务院批转了这个报告。这个设市标准，是改革开放以来中国政府正式颁布的第一个系统性的关于设市标准的文件。这个标准在指导思想上，由控制紧缩转向积极发展，放宽了对设市条件的管治；在设市模式上，由城乡分离、各自为政转向城乡结合、协调发展，提出了整县设市；在指标体系上，增加了国民生产总值这一综合经济指标，用新的非农业人口概念替代传统的非农业人口概念，更好地反映了客观现实。同时，兼顾了一些特殊条件的地区，增加了少数民族地区、重要科研基地、著名风景名胜区、交通枢纽、边境口岸等设市的特殊标准，反映了改革开放以来党的民族政策、科学技术、旅游业、交通运输业和对外开放对城市建设所起的作用，明确规定了自治州人民政府或地区（盟）行政公署所在地，如确有必要，也可以设市。这一举措，促进了民族地区城市数量的增长和生产力的合理布局。[①]1986年的设市标准，在设市模式上有了重大突破，促进了城镇化的快速发展。1993年底，全国城市增加到570个，这一时期是中华人民共和国成立以来，新增城市最快的一个时期。

1986年设市标准在实施中也暴露出一些问题。如在整县改市中仍然沿用切块设市的模式，只规定县城一个点的条件，没有增加反映整个县域城镇化发育水平的指标，在实践中出现了以点代面的现象。针对这种情况，为了规范城市设置，1993年2月，国家民政部向国务院上报了《关于调整设市标准的报告》，国务院于1993年5月批转了这个报告。

这个报告突出了以下基本原则：一是贯彻城市发展的基本方针。坚持实行严格控制大城市规模，合理发展中等城市和小城市的方针。二是进一步完善了指标体系。主要指标有规范化统计，以减少弹性、杜绝水分。三是体现分类指导的思想。鉴于中国三大地带经济发展水平、城镇化水平差异很大，为了在全

① 参见戴均良主编：《行政区划与地名管理》，中国社会出版社2009年版，第85页。

国范围内逐步建立布局合理的城市体系，确立了3个人口密度的标准，对中西部地区适当降低了标准。四是把撤县设市作为设市的主体模式，建立点面结合的指标体系，使设市模式和设市标准相一致。五是明确了地级市的设置标准，有利于形成一定地域的经济、政治、文化中心。

1993年设市标准进一步推动了一批县级市和地级市相继产生。新标准试行后的第一年，即1994年，全国共设市53个，是中华人民共和国成立以来新增城市最多的一年。此后，城市逐年增加。1997年年底，全国城市总数达到668个，对比1992年的517个，新增151个，5年中年均增加约30个。1986—1997年，全国新增直辖市1个；新增地级市60个，年均增加5个；新增县级市283个，年均增加约24个。由于整县改市引起的设市热，冲击了我国地方以县制为主要特色的传统行政管理系统，并引发了诸如假性城市化等问题，1997年中共中央、国务院作出了暂停审批县改市的决定。自此中国城市的设置，进入了严格管理和控制阶段。1998—2013年，全国城市由668个减少到658个，城市的数量不是在增加，反而是在减少。

二、市管县体制的推进

（一）市管县体制的由来

我国的市管县体制，萌发于市制创立之初。1926年，汉口市辖汉阳县，开市管县体制之先河。市管县体制的实例，还见于抗日战争期间日伪占领下的上海。当时日伪政权为维护其在上海的统治，在实行“清乡”的过程中，将邻近各县划归日伪的大上海特别市领导。

中华人民共和国成立之初，只有少数几个市实行市管县体制。1949年，无锡市管无锡县，徐州市管铜山县，兰州市管皋兰县。1950年，旅大市管金县、长山两个县。1958年，国务院先后批准北京、天津、上海3市和辽宁省全部实行市管县体制，并逐步在一些经济较发达地区试点并推广。当时实行市管县体制主要是为了保证城市的蔬菜、副食品供应。1958年年底，全国有29个市

（包括直辖市）实行市管县体制。

1959 年 9 月，全国人大出台了《关于直辖市和较大的市可以领导县、自治县的决定》，以法律的形式明确了市领导县体制。1960 年年底，京沪两个直辖市及 24 个省、自治区的 50 个省辖市实行了市领导县。1961 年以后，随着经济调整和整顿的开始，大量市管县恢复原有体制，全国管辖县的市降至 25 个。

（二）市管县体制的进一步发展

新一轮市管县体制是在改革开放后发展和推进的。改革开放之初，随着市场趋向的改革，地区行署所在城市与地区之间的关系，围绕着土地使用、资源开发、基础设施投资等权益的调整，矛盾加剧。为此，1982 年 12 月颁布的《中共中央、国务院关于省、市、自治区党政机关改革若干问题的通知》提出了改革地区体制的决定。在经济发达地区，将省辖中等城市与周围的地区合并，由市管县、管企业。1982 年底，江苏、辽宁等省全部撤销地区，实行市管县体制。随之全国各地开展了市管县体制改革。地区与地级市同驻一地的，原则上合并设立地级市。地区与县级市同在一地的，驻地经济发展水平较高，符合一定标准的，则撤销地区和县级市，设立地级市，推行市管县体制。

从 1983 年开始实行市管县体制，这也是中国城市数量急剧增长的时期，一些市管辖的县，由于撤县设市，成为地级市代管的县级市，由此市管县体制演变成市管县（市）体制。大量县级市的出现，改变了市管县体制的区域内涵结构，形成三种区域结构关系模式：一是地级市管辖县的区域模式。这种模式以地级市为行政管理中心和经济中心，市与县之间行政和经济关系紧密，地级市加速了区域经济社会的极化过程。二是县、市混合结构关系的区域模式。这种模式的区域行政结构关系最复杂，地级市既管县又代管县级市，无论东部沿海省区还是中西部内陆省区都有分布。县级市名义上由省区直辖，实际上由地级市领导。三是地级市代管县级市的“市辖市”的区域模式。这种模式集中分布在东部沿海的一些省，这些地级市名义上只是“代管”某些县级市，但却对它们形成了实际的管辖，造成了“市管市”的新行政区划格局。

1993 年，全国人民代表大会通过的政府工作报告提出，地区机构改革要同调整行政区划相结合，地和地级市并存于一地的，原则上要合并，并将其作为新一届政府行政体制改革的重要任务。1999年，《中共中央、国务院关于地方政府机构改革的意见》提出，要调整地区建制，减少行政层次，避免重复设置。与地级市并存一地的地区，实行地市合并。与县级市并存一地的地区、所在市（县）达到设立地级市标准的，撤销地区建制，设立地级市，实行市管县体制。其余地区建制也要逐步撤销，原地区所辖县改由附近地级市领导或由省直辖，县级市由省委托地级市代管。从此，除西部省区保留少数地区外，全国大多数地区撤地设市，实行市领导县体制。

截至2013年末，全国共有地级行政建制333个，其中地级市286个，地区14个，自治州30个，盟3个。到2015年末，全国共有地级行政建制334个，西藏自治区日喀则地区、昌都地区、林芝地区撤地设市，海南省县级儋州市升格为地级市，新疆维吾尔自治区吐鲁番地区撤地设市，全国共有地级市291个。现在，市管县体制已成为我国主要行政区划模式，构成了最基本的纵向权力结构体系。这一体制的实行，使我国政府层级由四级向五级转化，也使市建制由50年代的城市型政区转变为广域性政区。

三、市管县体制对国家发展发挥了比较大的作用

（一）市管县体制促进了工业化发展

推进省直管县改革，一个重要前提是对市管县体制要有一个评估，一个正确的认识。20世纪80年代初，为实现以城带乡的发展目标，中央决定推行市管县体制，市管县体制至今已成为中国普遍实行的行政区划模式，构成了宏观纵向体制的基本权力结构。现在看来，这一体制对我国工业化、城镇化和市场化发展起到了重要推动作用。[①] 但从总体上看，市管县体制并没有完

① 理论界对市管县体制与工业化、城镇化和市场化的关系研究不多，已有研究大多停留在对县域发展的影响上。

成以城带乡的发展目标，反而在某种程度上进一步扩大了城乡之间的差距，与最初的设计目的有一定的背离。

发展中国家大多是农业国，其经济发展必然有个工业化，即非农化的过程。大部分发达国家是在农业制度和技术得到现代化改造后进入工业化阶段的，然而我国不是这样，我国一方面是在人均国民生产总值（GNP）较低的水平上推进工业化，另一方面是在传统农业没有得到根本的现代化改造的条件下推进工业化。[①]这样我国的工业化就不具备条件按照欧美一些国家的路径进行发展，而是在中华人民共和国成立后走了一条赶超道路。改革开放后，市管县体制、政府主导的市场经济表现出两个方面：

一是市管县体制进一步聚合工业化发展要素。市管县体制的实行，在很大程度上解决了社会转型初期行政区和经济区的磨合问题，使城市有较大的腹地发展工业，实现了在市场体系发育不成熟的条件下生产要素在行政区范围内的优化组合，使城乡优势得以互补。一些乡镇企业在中心城市的支持下规模迅速扩大，经济效益明显提高。市管县体制在促进工业化发展上，主要是形成了低成本工业化机制，在较短时期内迅速实现了向工业化中期阶段的跃进，数以亿计的农村转移人口成为产业工人，实现了职业转换。[②]在市管县体制下，城市工业发展到一定水平以后，并没有自觉地将资本和技术反哺农业，而是投向了城市基础设施和第三产业的发展，以满足城市的高档消费和生活需要，或者将工业资本转变为金融资本谋取更多的利润。这样一来，城乡的差距反而进一步拉大了。[③]

二是政府主导的市场经济助推工业化高效积累。改革开放以后，中国的工业化推进模式有所改变，中国现代工业发展的一个最基本瓶颈就是资本积累匮乏。在计划经济时期，政府通过对农产品的不等价交换进行了初期积累，建立了国家工业化基础体系。改革开放引入市场经济的竞争机制和价格机制，开始了工业化全面展开的历史进程。现在看来，虽然新时期进行资本积累的方式很多，除了通过优惠政策引入国外资金外，最主要的资本积累方式，一个是依靠

---

① 参见洪银兴、刘志彪等：《三农：现代化的现代途径》，经济科学出版社 2009 年版，第 17 页。

② 参见农业部课题组：《农业农村经济重大问题研究 2010》，中国财政经济出版社 2011 年版，第 255 页。

③ 中国行政管理学会主编：《政府层级管理》，人民出版社 2009 年版，第 249 页。

廉价劳动力，另一个就是通过土地积累。[①]在政府主导的市场经济推进中，市管县体制很好地配合了政府这一发展模式，也可以说市管县体制与政府主导的市场经济目标一致、手段互补。

（二）市管县体制推动了城镇化发展

从改革开放至今，我国的城镇化进程与市管县体制的关系大致如下：第一阶段为1978年至1984年的农村改革推动阶段，这阶段市管县体制刚刚开始推进，所起的作用还没有显现出来。第二阶段为1985年至1992年的城市经济体制改革推进阶段。这个阶段的特点是，城市改革、市管县体制、乡镇企业发展等都助推了城镇化的发展，市管县体制对城镇化的推进作用逐步加大。实行市管县体制后，各地纷纷撤地建市，地级建制市的数量大量增加，1992年全国地级建制市达191个，比1983年增加54个，年均增加6个。[②]第三阶段为1993年至2003年的市场经济体制确立阶段。1992年邓小平南方谈话发表后，中国市场化改革正式走上轨道。从此，市场化对城镇化的推动逐步加大。2003年城镇化率达到40.53%，比1992年的27.46%提高了13.07个百分点，年均提高约1.3个百分点，这一时期是中华人民共和国历史上城镇化水平提高最快的阶段，也是市管县体制发挥正向作用最大的时期。2003年末，地级市增加到282个，中心城市的作用得到进一步加强。第四阶段为从2004年至今，其特点是在统筹城乡发展框架下推进城镇化发展。这一时期市管县体制全面建立，对城市发展具有重大的推动作用，2012年末地级市增加到285个。由于农村资源过多地流向城市，致使城乡差距进一步加大，各地在中央支持下推进了省直管县改革探索。

在市场化的初期，市管县体制对推进城镇化所起作用比较大，它依靠行政力量聚合各种资源向城市流动，市场因素与之相比所起作用有限。随着市场经济的发展，市场推进城镇化的作用有所加强，但由于转型时期政府发挥的重要

---

① 韩康：《中国市场经济模式重新思考——韩康经济文选》，经济科学出版社2010年版，第101页。

② 参见范恒山、陶良虎主编：《中国城市化进程》，人民出版社2009年版，第18—19页。

作用，总体上城镇化还是由政府主导。政府主导的城镇化有效解决了我国在经济发展水平还比较低的条件下快速实现城镇化的问题，这其中市管县体制在政府对土地市场的垄断方面发挥了重要作用。

（三）市管县体制准备了市场化改革的条件

改革开放之初，市场化改革尚不明确，市管县体制适应了当时各类经济资源主要由行政力量配置、主要按行政区划流动的特点，在市场经济体制建设处于起步阶段、全国性的市场尚未建立起来时，在一定程度上密切了城乡关系，市管县体制与当时的需要基本是相符合的。从推进计划经济体制向市场经济体制转变的角度看，市管县体制的推行有其合理性的一面。它在一定程度上满足转轨时期增强中心城市作用的同时，客观上推动了市场经济的发展。① 从历史作用的角度来看，市管县体制起到了冲破原有计划体制、改变原有政企关系、导入市场经济体制的作用，恰恰是它的实行孕育了进一步推进改革的种种要素，为改革的深化准备了条件。

市管县体制推动了工业化、城镇化和市场化的发展，但没有很好推动农村地区发展。究其原因，是因为我国长期形成的城乡二元经济社会结构很难在短时间内改变，再加上市管县体制本身存在的制度缺陷与城乡二元体制相叠加，从而使经济社会发展要素更多地流向了工业、流向了城镇。从国外的经验来看，当城市化水平低于 30% 时，城市文明普及率与城市化率是同步的，此时聚集效应占主导，大量的生产要素（劳动力、资本、土地）从农村流向城市；当城市化水平提高到 30% 时，城市文明逐步加快普及并向农村渗透和传播，聚集效应仍是占主导，生产要素仍然从农村流向城市；当城市化率达到 50% 时，城乡文明普及率呈现加速增长的趋势，涓流效应开始显现，生产要素开始双向流动。② 长期的城乡二元结构，以及市场经济的原因，使得我国城乡统筹发展越发

① 参见史卫东等：《中国“统县政区”和“县辖政区”的历史发展与当代改革》，东南大学出版社 2010 年版。

② 参见高启杰、刘洋：《城乡发展一体化的模式探索与方法创新》，《重庆社会科学》2013 年第 2 期。

困难。在城镇化率超过50%后，大量的生产要素还是过量流向城市，这说明我国统筹城乡发展任务的艰巨性。

四、市管县体制在一定程度上强化了城乡二元结构

（一）市管县体制对二元结构的影响

城乡差距长期存在并有扩大的趋势，其主要原因是城乡二元体制的存在。改革城乡二元体制是继国有企业体制改革之后另一项根本性的经济体制改革。[①] 改革开放以来，国家采取了许多政策措施，不断调整和改革城乡二元结构，从总体趋势上看，城乡二元结构在朝着有利于改善城乡关系的方向发展，但是市管县体制并没有有效缓解和改进城乡之间差距，在有些地方甚至扩大了城乡之间的差距。

表2–1　1978—2004年中国城乡二元结构变动趋势

年份	1978	1980	1985	1990	1995	2000	2004
农业产值比重	28.1	30.1	28.4	27.1	20.5	16.4	15.2
农业劳动力比重	70.5	68.7	62.4	60.1	52.2	50.0	46.9
农业比较劳动生产率*	0.40	0.44	0.46	0.45	0.39	0.33	0.32
城乡收入差距	2.57	2.50	1.86	2.20	2.71	2.79	3.21
城市化水平	17.92	19.39	23.71	26.41	29.04	36.22	41.76
结构偏差（Ⅰ）	−42.4	−38.6	−34.0	−33.0	−31.7	−33.6	−31.7
结构偏差（Ⅱ）	−11.58	−11.91	−13.89	−13.49	−18.76	−13.78	−11.34

* 农业比较劳动生产率＝农业产值比重 / 农业劳动力比重；结构偏差（Ⅰ）＝非农就业比重（%）－非农产值比重（%）；结构偏差（Ⅱ）＝城市化率（%）－非农就业比重（%）。

参见徐同文：《地市城乡经济协调发展研究》，社会科学文献出版社2008年版。

① 厉以宁：《城乡二元体制改革关键何在》，《文汇报》2008年3月2日。

表 2-1 对多项指标进行了描述。农业比较劳动生产率为农业部门的产值比重与其劳动力比重的比率，反映了一定劳动力投入条件下农业部门的生产效率。该指标在改革初期有明显改善，但 1985 年后一直下降。城乡收入差距显示了同样的变动趋势，城镇居民人均可支配收入与农民人均纯收入的比值从 1978 年的 2.57 迅速缩小为 1985 年的 1.86。但另据资料显示，从 2003 年到 2009 年城乡收入差距又持续扩大，2004 年达 3.21，2009 年达到 3.33，形成一个峰值，随后有所下降，但还保持在 3 以上。城市化水平反映了城乡社会结构的变化，尽管改革后这一指标有了明显提高，但相对于经济结构的变化而言，社会结构的转变是滞后的。结构偏差（Ⅰ）反映了非农就业结构滞后于非农业产业结构的情况，1985 年后该指标没有明显改善，结构偏差一直高达 33 个百分点左右；结构偏差（Ⅱ）反映了城市化水平滞后于非农就业结构的情况，表明改革后城市化与非农就业间的结构偏差总体上呈扩大趋势。

从改革开放之初到 20 世纪 80 年代中期，我国城乡二元结构在短期内有了明显改善，但 1985 年后又呈加剧态势。原因主要有两方面：一是随着市管县体制的推进，农村发展要素过多地流向城市；二是随着市场化改革的逐步加深，国家对城市投资大幅度增加，农村投入相对不足。从理论上讲，市场经济有利于城乡发展的均衡，但由于我国长期形成的城乡二元体制，城乡实际上是在两个系统中进行发展，加之资本的趋利性，使得市管县体制、市场机制共同作用，在一些领域又形成新的叠加。

（二）市管县体制推进后对农业支持减弱

从表 2-2 可以看出，在市管县体制推进之前的 1980 年，流向农村地区的财政净值为正 308 亿元，而在实行市管县体制后，其数值即变为负数，且有增大的趋势。在国务院再一次作出扩大推进市管县体制改革的 1999 年，负值竟达 1169 亿元。

表2-2　农业与非农部门和农村与城市之间财政流动情况

单位：10亿元人民币，1999年价格

年份	农民纳税	乡镇企业纳税	政府对农业支出	流向农业的财政净值	流向农村地区的财政净值
1980	10.8	10.0	51.7	40.8	+30.8
1985	13.9	45.3	46.4	32.5	−12.8
1990	17.5	78.1	58.2	40.7	−37.5
1991	17.5	87.8	62.2	44.7	−43.1
1992	21.6	115.6	64.8	43.2	−72.4
1993	19.9	150.0	66.7	46.8	−103.2
1994	29.5	146.2	65.0	35.5	−110.8
1995	30.3	156.6	59.1	28.9	−127.7
1996	37.1	144.4	66.0	28.9	−115.5
1997	38.9	149.3	71.0	32.1	−117.1
1998	39.3	156.1	108.0	68.7	−87.3
1999	42.4	178.9	104.4	62.0	−116.9

说明：流向农村地区的财政净值＝C－（A＋B），其中A=农民纳税（农业税、畜牧税、耕地税、农业特产税和契税，不含费），B＝乡镇企业纳税，C＝政府对农业的支出，流向农业的财政净值＝C－A。①

参见孙学玉、伍开昌：《构建省直接管理县市的公共行政体制》，《政治学研究》2004年第1期。

农业是一个弱势产业，在市场化过程中，政府加大对农业的基础投入和产业扶持是多数国家通行的做法。然而自20世纪80年代中期以来，我国财政支农力度逐渐减弱。支农财政不仅数量明显偏低，而且支出结构不合理。这种情况在中央提出统筹城乡发展之后，有一定的改善，但还没有从根本上解决问题，对农业的支持还是偏低、偏少。

总之，我国用30多年的时间，大致实现了欧洲用两个世纪才完成的工业化、城镇化发展，市场经济也取得很大进步，改革成果举世瞩目。这其中市管县体制发挥了重要作用，它与市场机制一起促进了国家经济发展的最大化，实现了国民经济的跨越式发展。但我们也必须清醒地认识到工农差别、城乡差别

① 表格中部分年份流向农业的财政净值、流向农村地区的财政净值，与给定数据计算结果有正常范围内的微小出入。

并没有因经济发展而得到圆满解决。经验证明，统筹城乡发展无疑是改变这种状态的最好选项。我们正在经历由跨越式发展到科学发展的转变，其本质正是克服跨越式发展所造成的区域、城乡发展的失衡，更加强调社会均衡发展、和谐发展，强调改革成果由人民共享。各地实践表明，省直管县体制能很好矫正市管县体制的缺陷，更好实现城乡发展一体化。

五、市管县体制对县域城镇化的支撑有所弱化

（一）市管县体制对县域发展的阻碍

市管县体制的实行，在一定程度上解决了经济转型初期行政区和经济区的磨合问题，促进了区域市场的统一，特别是确定了地级市主体地位，理顺了地方领导体制。学术界一般认为，这一体制对我国工业化、城镇化起到了一定的推进作用。但总体上并未打破重城轻乡、重工轻农的倾向，反而在一定程度上固化了城乡二元结构。①

随着改革的推进，市管县体制对县域经济社会发展的消极作用日趋凸显。20世纪80年代我国的改革，就中央地方关系而言，是以向地方放权为主导思路的。具体而言，是在条条服从块块的大原则下来处理不同层级政府的关系。这种改革的原则体现在机构设置、人事任命、财政收支等诸多方面，来自上级政府或中央的直接管控明显减弱。当时地级市对辖县控制力不大，县级有很大权力。1987年党的十三大以后，随着政治体制改革问题的提出，不仅在上下级政府间关系上放权加快，而且在党和政府关系上党委的权力也显著收缩。在这样的改革背景下，当时中央提出，县级党委政府要总揽改革全局，促使县级综合改革一度成为改革进程中的重大题材。全国出现了一批县级改革的典型，在经济发展、体制创新、机构设置等方面都有一些重大突破。但是，以放权为特征的县域改革在20世纪90年代后发生了逆转，原来的改革思路没有再继续下

① 参见迟福林主持的《城镇化背景下的省直管县改革》（课题报告），2010年4月。

去。[①]到20世纪90年代末期，上级政府对基层政府的控制趋于加强，特别表现为垂直管理部门增多。在县一级，基本上具有重要调控能力的政府部门大都开始实行垂直管理。这种重新集权化，对于县级政府的运行产生了直接而深刻的影响。一些本来属于县级的正常工作职权，重新被地级市收走，县级政府职能变得残缺不全。

“小马拉大车”和“大马拉大车”问题成为市管县体制弊端的主要表现。市管县的主要目的是以中心城市的辐射力拉动所辖县市的发展，但是，能够发挥这一作用的城市是少数。事实上，除省会城市和一些发达城市带动力量较强外，一些工业基础薄弱，尤其是由县级升为地级规格的城市根本没有这种力量。以吉林省为例，自20世纪80年代以来，该省实行市管县体制，意在发挥中心城市对县域经济的辐射带动作用，但经过近30年的发展，迄今能够发挥中心城市带动作用的城市仅有省会长春市，其他地级市的带动作用十分微小或者没有。[②]即使在经济发达地区，地级市带不动县市的现象也是存在的。以苏州为例，该市在经济发展速度上与所辖市相比有很大的差距，在人均上更是落后一大截，尤其是与昆山、太仓、吴江三市相比，后三者的经济发展每年都以20%以上的速度增长，很难用苏州的带动来解释。这一现象，在珠三角、京津地区、辽中南、山东半岛等经济发达的地区同样存在。

表2-3　2006年苏州主要经济社会指标

市 名	面积（平方千米）	国内生产总值（亿元）	人口（万人）	人均国内生产总值(元)	国内生产总值较上年增长（%）
苏州市	8488.0	4820.3	616.08	78240.81	15.5
苏州市区	1650.0	1369.9	230.2	59509.99	/（<15.5）
张家港市	998.5	841.6	88.78	94798.38	18.5
常熟市	1264.0	809.3	105.48	76723.55	18.5
太仓市	822.9	366.6	46.14	79460.34	23.0
昆山市	927.7	932.0	66.68	139773.55	24.9
吴江市	1176.6	500.8	78.8	63553.30	24.2

参见孙学玉：《垂直权力分合：省直管县体制研究》，人民出版社2013年版。

① 参见赵树凯：《县乡政府治理的危机与变革——事权分配和互动模式的结构性调整》，《学术前沿》2013年11月。

② 参见郭庆海：《吉林省县域经济发展的特点及路径》，《经济纵横》2013年第8期。

实行市管县体制后，中心城市常常利用其强势地位，截留省级下放的权力，下侵县级权益，使县的发展受到抑制。有的甚至通过行政手段直接汲取所属县的资源，占有县的市场，甚至摊派各种负担。市管县体制下的垂直权力分配不均，实际造成对县域发展不利的局面。

在理论上，城市管理本身是一种内部结构，一个城市是不能领导或治理另一个城市的。在现行体制下广域性的地级市具有领导县市的权力，在新型城镇化的背景下，城镇化发展结构失衡越发突出。基于现代城市治理应有完整内部结构和确定边界的观点，在逐步实现省直管县改革的过程中，地级市应由广域型城市逐渐转变为城镇型城市。[①]新时期应将推进县域城镇化作为破除城镇化结构失衡和实现新型城镇化的重要途径，并以省直管县改革推进县域城镇化发展。

针对市管县体制存在的问题，除了推进省直管县改革外，也有一些学者大胆提出中央直管地级市的建议。这些学者受到直辖市发展的启示，认为可以借鉴其方式来划分省、市、县功能，即：省主要承担协调、辅助的功能，将核心权力和功能（如经济、文化、教育等主要功能）下放到地级市，自身主要负责协调各市的关系，承担各市无力承担的功能（如统一战线、国防军事等）；地级市除原有功能外，还应接手中央和省下放的功能和权限，在本市的经济、文化与社会发展中应充分发挥主导、核心的作用，所有职能和权力都应有很大程度的强化与独立性，同时人民监督的功能应发挥实质性的作用，以制约权力的膨胀；县作为国家权力的第二个“次中心”，各方面的权力都会有所强化，其权力基本遵循地级市的权力范式，有更多的自主性和适应性。[②]这一研究的意义在于，说明地级市是可以由中央来进行管理的，而不必一定应受到省的管辖。

（二）市管县体制带来城市的虚化

市管县体制推动了城市化发展，同时也带来了另一个后果：广域型城市的普遍存在。县乡农民被统计成市民，城市农业人口依旧占大多数，第二、第三

① 参见赵丽江、陈标：《地级城市治理空间与层级的多元选择》，《国家行政学院学报》2014年第3期。

② 参见熊常君：《中央直管地级市的可行性研究》，《四川职业技术学院学报》2014年第2期。

产业比重也低于农业。以重庆为例，直辖前管理11个市辖区、3个县级市、7个县，面积3.2万多平方公里，人口1500多万，其中非农业人口415万，城市化率只有27%。直辖后划入万县、涪陵两个地级市和黔江地区，面积扩大到8.2万平方公里，人口3000万，但城市化率不到20%。重庆虽然是一个直辖市，但实际上集大城市、大农村、大库区于一体，城乡区域差异很大，是一个典型的广域型政区。我国相当多的地级市，与重庆的情况是一样的，市管县带来了城市的虚化。①

市管县体制下的城镇化发展，是一种排斥小城镇发展的机制。地级市往往利用其行政优势，使地区资源大量向地级市区集中，县域城镇化发展所需的积累受到削弱，尤其是财富积累不足，使城镇化发展缺乏坚实的经济基础。

近些年，一些发达省区在推进省直管县改革时，提出“县下辖市”的设想，这也是美国、日本和我国台湾地区创设市制的成功做法。当前，我国一些经济发达地区的大镇，人口多、经济规模大，但由于受行政区划的限制，经济集聚效应大大下降。在辽中南、长三角、闽三角和珠三角地区，这个问题尤为突出。

（三）市管县体制对县级财政的影响

1994年进行的分税制改革，是我国政府间财税分配关系的重大变革，在促进市场经济发展方面起到了积极的作用。但是这种财税体制改革主要是在中央和省之间实行财税分配的划分，对地方之间，尤其是省—市—县之间如何分割并没有明确的规定。从我们多年的研究来看，由于实行省—市—县三级管理，尤其是实行市管县体制，使得县级财政在财税收入上始终处于劣势地位。

第一，中央财政资金返还不到位。根据分税制改革方案，中央集中了消费税和75%的增值税，不仅中央要以1993年为基数对地方进行返还，而且地方上的上一级财政还要逐级向下进行税收返还。从实际情况看，中央通过确定各

---

① 参见张占斌、吴康明主编:《统筹新型城乡关系研究》，国家行政学院出版社2013年版，第161页。

地资金预留比例，较好地解决了返还问题；但是相当一部分地方财政采取与分税制改革方案不一致的做法，尤其是地市级对县级，大多不确定预留比例，只是采取非规范化的借款办法，造成县级地方财政异常紧张。

第二，县级税源受到市级任意划转。随着工业化的发展，大量企业兴起，企业所得税和企业缴纳的其他费用成了地方财政的重要收入。由于企业依据其行政隶属关系上缴税费，一些地级市便利用其行政地位优势或者允许企业进入开发区等手段，随意改变地方企业的隶属关系，致使县级税收受损。

第三，转移支付受到市级截留。转移支付一般是通过垂直行政关系表现出来的资金流动形式，即资金从上一级财政流向下一级财政。政府间转移支付的基本模式是单一的自上而下的纵向财政拨付，除专项补助和特别补助可以越级进行外，一般采取上下两级政府之间单向直接流动的转移支付方式，形成中央对省、省对地级市、地级市对县三级转移支付体系。由于地级市不规范运作，截留转移支付资金的概率大大增加。

第三篇
城镇化发展与省直管县改革的推进

省直管县改革体现了我国城乡发展思路的转变，也反映出我国城镇化进程进入一个新阶段。我国的新型城镇化将以城乡之间的均衡协调发展为方向，在行政体制上，要求削减省域内的政府层级，打破市级政府对管辖区域内各种资源的垄断。省直管县改革有两个背景：一是改革市管县体制存在的问题，促进县域发展。二是满足县域城镇化发展的需要。我国的城镇化是在城乡二元结构基础上推进的：一方面，大城市与城市群的发展吸引着大量农村转移人口涌入城市；另一方面，在广大的县域，县城和一些重点镇同样也吸引着巨量的农村人口实现就近就地的城镇化。这些县和重点镇需要在行政体制上向这些区域放权。

中共十九大指出，赋予省级及以下政府更多自主权，这对省直管县改革是一个重要的推动。要进一步加大放权力度，把那些地方切实需要也能够承接的事项下放给地方。同时，地方各层级也要明确职责重点。省一级主要承担规划管理、制订政策法规等职责；市县主要承担执行和执法监管的职责，做好直接面向企业和群众的服务与管理。

一、省直管县改革的提出和推进

浙江是实行省直管县体制最早的省份。1994 年实行分税制财政体制改革时，国务院要求“一级政府、一级财政”，也就是说，必须实行市管县财政体制。当时，浙江省根据省情及县域发展实际，认为如果实行市管县体制会削弱县级的发展能力，对全省经济产生的影响将是弊多利少的不良后果，于是决定继续实行省直接管县财政体制。由于浙江省没有按中央统一部署办事，国务院领导多次直接找省领导督促更正，省里的压力很大，直到1997年国务院领导发现浙江是全国从1994年以来唯一不欠工资的省份后才不再对浙江省施加压力。[①]浙江省推进的省直管县，实际上反映的是市场经济深入发展和社会结构深刻演变的客观要求。省里主动把权力下放，扩大县域发展的自主权，构建更为有效的治理模式。与之相配套的是对政府职能、行政流程、运行机制的结构性调整，使之与城乡发展一体化的客观要求相符合。

为了解决县域发展的财政困难，20世纪90年代中后期，在浙江经验的启发下，一些省份开始推动省直管县改革，广东、安徽、江苏、河北、吉林、江西、辽宁等省份陆续推行以县域扩权为主要内容的改革试点。推进省直管县改革大致经历了以下几个阶段：

（一）党的十六大以来，推进以县域扩权为特点的省直管县改革

2003年中共湖北省委下发《关于扩大部分县（市）经济和社会发展管理权限的通知》，将权限下放给大冶等20个试点县（市）；2004年河南省政府下发《关于扩大部分县（市）管理权限的意见》，将属于地级市的部分经济社会管理权，下放给巩义等5个试点县（市）；2007年，四川省政府下发《关于开展扩权强县试点工作的实施意见》。除上述3省外，这一时期广东、安徽、湖南、山东、福建、吉林、辽宁等省区都出台省直管县改革的相关政策，一些省区多次出台县域扩权意见。改革主要是强县扩权和扩权强县，主要试点在财政和事权两个方面有所突破。在多省区自主改革的同时，中央也出台一些政策指导省直管县改革。2005年6月，时任国务院总理温家宝在全国农村税费改革工作会议上提出，改革县乡财政的管理方式，具备条件的地方可以推进“省直管县”财政管理体制和“乡财县管乡用”财政管理方式改革。[②]2006年中央一号文件《关于推进社会主义新农村建设的若干意见》中，对具备条件的地方推进

---

① 参见翁礼华：《县官老爷：解读县史两千年》，浙江古籍出版社2007年版，第197页。

② 参见温家宝：《巩固农村税费改革成果积极稳妥推进农村综合改革试点》，《人民日报》2005年6月8日。

省直管县财政管理体制改革进行安排。2006年全国人大通过的第十一个五年规划，明确提出，理顺省级以下财政管理体制，有条件的地方可实行省级对县的管理体制，优化组织结构，减少行政层级。总的来说，这个阶段的改革以经济强县试点为主，对非试点县，也出台了一些放权政策。

（二）党的十七大以来，省直管县改革意在推进城乡一体化发展

2008年8月，中共中央、国务院下发《关于地方政府机构的改革意见》，提出继续推进省直接管理县（市）的财政体制改革，有条件的地方可以依法探索省直接管理县（市）的体制，进一步扩大县级政府社会管理和经济管理权限。2008年10月，中共中央下发《关于推进农村改革发展的若干重大问题的决定》，指出推进省直接管理县（市）财政体制改革，要优先将农业大县纳入改革范围，有条件的地方可依法探索省直接管理县（市）的体制。2009年6月，国家财政部下发《关于推进省直接管理县财政改革的意见》，提出省直接管理县财政改革的总体目标，即在2012年底前，力争在全国（民族地区除外）全面推进省直接管理县财政体制改革。2010年10月，全国人大通过第十二个五年规划，提出扩大县域发展自主权，稳步推进扩权强县。推进省以下财政体制改革，稳步推进省直接管理县财政管理制度改革。在有条件的地方探索省直管县（市）的体制。这一阶段省直管县改革更多体现在扩权强县上，改革在省区内全面展开，突破点一般都集中在财政体制改革上。

（三）党的十八大以来，省直管县改革意在助推县域城镇化发展

党的十八大以来，我国进入全面建成小康社会的决胜阶段，行政体制改革紧紧抓住政府职能转变这个“牛鼻子”，以简政放权为突破口，加快转变政府职能，使市场在资源配置中起决定性作用，切实推动政府职能向创造良好发展环境、提供优质公共服务、维护社会公平正义转变。2010年中央编制委员会办公室确定安徽、河北、河南、湖北、江苏、黑龙江、宁夏、云南8省区30县（市）进行省直管县改革试点，计划用3年左右时间完成试点，为党的十八大后推进地方行政

体制改革积累经验。这次试点相对前几次扩权强县及省直接管理县财政体制改革而言，更具全面性，其目标是，通过改革建立权责一致、分工合理、决策科学、执行顺畅、监督有利的县级行政管理体制。[①] 试点县（市）在经济社会管理权限上基本等同于地级市，具备了推进城镇化发展的有利条件。这是一个重要的改革信息，省直管县改革要自觉纳入城乡发展一体化制度框架之中，改革政策要有利于城镇化发展。我国的新农村建设与日韩推进的新农村建设在内容上有很多相似，但日韩通过 15 至 20 年的新农村发展，基本上解决了“三农”问题，实现了城乡一体化，而我国更长时间的投入却没能获得根本性的突破，城乡差距持续扩大，根本的原因在于我国与日韩的新农村建设看似相同，其实所面对的矛盾存在着巨大的差异。日韩在完全城市化的背景下展开新农村建设，农村人口大量向城市迁移并融入城市发展，新农村建设的任务是在外部环境不断优化的前提下，单纯解决农村和农业落后问题。[②] 我国的情况则完全不同。从统筹城乡发展双轮驱动的角度来看，我国的城镇化率虽然超过 50%，但质量不高，含有很多水分，实际城镇化率不足 40%，对农村转移人口的吸纳能力有限。所以，省直管县改革要关注城镇化的发展，出台的政策要有利于城镇化的推进。

从各地省直管县改革实践来看，改革进一步扩大了县级政府的经济发展权，促进了县域经济和中小城镇发展，特别县城的发展，提高了城镇化发展的协调性。省直管县改革，既有利于行政决策和管理更加贴近县域经济发展的实际，又使县级政府在获得权力的同时承担了更大的责任，发展地方经济的积极性和自主性有了显著提高，而且还为县域经济发展创造了更多公平的机会，提升了县域经济的发展平台，无论是对决策沟通、信息交流，还是对把握竞争机遇、争取发展空间，都产生了积极作用。从我们调研获得的资料来看，省直管县改革力度大的省区，县域城镇化推进得都比较好。这是因为：第一，省直管县改革有利于城乡产业一体化。省级政府站在宏观的角度，会根据地方经济和产业发展需要进行合理布局，逐步引导大中城市的工业和制造业向县城和小城镇转移；会增强小城镇的吸引力，把县城和中心镇建设成为生产要素集聚和承载农村转移人口的重要区

---

① 参见王华：《省直管县体制改革：安徽宿松县的实践》，载魏礼群主编：《中国行政体制改革报告（2013）》，社会科学文献出版社 2013 年版，第 104 页。

② 参见叶裕民：《中国统筹城乡发展的系统架构与实施路径》，《城市规划学刊》2013 年第 1 期。

域，促进城乡一体化的发展。第二，省直管县改革有利于城乡基本公共服务一体化。通过省直管县改革，可以更有效地保障县级政府履行基本公共服务的职能，逐步提高城乡基本公共服务统筹层次，加快推进城乡基本公共服务制度的统一。

二、省直管县改革的主要模式

（一）省直管县改革实践模式

近 20 年来，省直管县改革进行了多种改革试验，有行政省直管县、财政省直管县、强县扩权、扩权强县等，并在此基础上进行有效组合，形成了各种各样的省直管县改革模式。

表3-1　省直管县改革模式划分

省区	模式	演进逻辑（时间）
海南	行政省直管县＋扩权强县	行政省直管县（1988）—扩权强县（2007）
广东	强县扩权＋（准）财政省直管县（试点）	强县扩权（2004、2009）—财政省直管县（试点）（2010、2012）
山东		强县扩权（2003）—财政省直管县（试点）（2009）
辽宁		（准）财政省直管县（2005、2010）—强县扩权（2006）
河北		强县扩权（2005）—财政省直管县（2009、2010）
河南		强县扩权（1992、2004、2006、2009、2011）＋财政省直管县（试点）（2004、2009）
山西		强县扩权（2006、2011）—财政省直管县（试点）（2007、2012）
四川		强县扩权（2007、2009）/财政省直管县（试点）（2007）
贵州		财政省直管县（2013）—强县扩权（试点）（2013）
云南		强县扩权（2009）—财政省直管县（试点）（2010）
陕西		强县扩权（2007）—财政省直管县（试点）（2007、2009）
甘肃		强县扩权（2005）—财政省直管县（试点）（2007、2009）

续表

省区	模式	演进逻辑（时间）
江苏	财政省直管县＋扩权强县＋行政省直管县（试点）	财政省直管县（2007）—扩权强县（2008）—行政省直管县（试点）（2011）
福建	扩权强县（试点）＋（准）财政省直管县	扩权强县（2003、2011）—（准）财政省直管县（2009）
宁夏		财政省直管县（1953）—扩权强县（试点）（2009）
广西		财政省直管县（2010、2011）—扩权强县（2011）
吉林		财政省直管县（2005）—扩权强县（2005、2008）
湖北	强县扩权＋财政省直管县＋扩权强县	强县扩权（2003）—财政省直管县（2004）—扩权强县（2007）
湖南		扩权强县（2005、2010）/强县扩权（2005）—财政省直管县（2010）
安徽		财政省直管县（2004）—强县扩权（2007、2008）—扩权强县（2009、2010）
浙江		财政省直管县（1953）—强县扩权（1992、1997、2002、2006）—扩权强县（2008）
江西	财政省直管县	财政省直管县（2005、2007、2009、2011）
青海		财政省直管县（2007）
黑龙江	强县扩权＋扩权强县＋财政省直管县＋行政省直管县（试点）	强县扩权（2004）—扩权强县（2006）/财政省直管县（2006、2007）—行政省直管县（试点）（2011、2012）

参见柯学民：《“省直管县”相关概念辨析》，《行政与法》2014 年第 2 期。

（二）省内单列省直管县改革

党的十八大以来，从一些省区省直管县试点县的改革情况来看，大部分试点县采取的是省内经济社会发展单列方式。在我国，计划单列这一概念由来已久，与省直管县改革联系起来就有了简政放权特征。河南、江苏、黑龙江等试点县（市）的改革都是典型的省内单列改革模式，改革后的县（市）享受地级市一级的经济社会管理权限，有的县（市）的主要领导的行政级别还升格为副厅级。2014 年 1 月 1 日，河南对 10 个试点县（市）全面实施了由省直接管理的体制。随着这一体制的实施，省内单列省直管县改革走向更加规范的地方治理。

中华人民共和国成立以来，国家为发挥大城市的经济优势，曾三次对一些大城市实行计划单列。1962年，中央确定西安、天津、沈阳、武汉、广州、重庆6大城市的工业生产、基本建设、物资调拨、主要商品分配、财政预算等从本省计划中单列出来，由中央安排。这是我国首次提出计划单列管理模式。改革开放后，截至1990年，有14个城市在国家计划中单列户头，人、财、物资源不受省分配指标的限制，享受相当于省一级的经济社会管理权限。虽然没有明确的法律依据，甚至还曾明文规定计划单列市不要搞机构升格和增加编制，但实际上这些计划单列市在行政级别上都是副省级。计划单列有这样几个特点：一是计划单列市能够直接参加中央各部委召开的各种专业会议，提出自己的要求而不用再向省里报批。这样，计划单列市获得的信息量大大增加，办事渠道更为畅通和便捷。而没有计划单列的城市就没有这样的机会，它们的要求必须先征得省里的同意，而省里往往会从省内平衡的角度不支持这些城市的某些发展要求。二是计划单列模式减少了中央与地方的经济管理层级，缩短了地方战略举措申报、重大项目审批等工作的处理时间，还通过深化综合配套改革，有力地激发了城市发展的制度活力。[①] 三是实行计划单列有利于打破条块分割的经济管理体制，有利于城乡结合，有利于统筹城乡发展。

经过20多年的发展，我国计划单列城市已发展成为中国有影响力的大城市或特大城市，这说明计划单列政策有巨大能效。省直管县改革效法计划单列行政体制，在道理上是讲得通的，只不过后者是在国家范围内的计划单列，前者是在省域范围内的计划单列，两者要的都是更高一级的行政权力和发展资源。贯穿这一行政改革的基本思路，是拉近省政与县政的距离，给县政更加完整的行政权力。

根据我们的理解，省内单列被一些省区用来推进省直管县改革，至少有以下几方面原因：

第一，多方利益平衡的结果。现在改革任务非常艰巨，也非常复杂，每推进一步都会遇到相当大的阻力，这种阻力不是来自外部社会而是来自体制内。一方面，人们总是有一种担心，认为省直管县改革影响地级市在辖区内统筹县发展空

① 参见赵永茂等：《府际关系：新兴研究议题与治理策略》，社会科学文献出版社2012年版，第61页。

间的决策和实施，使地级市与县之间的天然联系被截断，使中小城市之间的产业积聚与扩散被抑制，导致中心城市功能无法增强，县级城镇的发展被割裂。另一方面，人们也认识到，调整省市县的权力关系、释放经济社会发展的活力，是我国改革开放以来体制变革的基本逻辑。无论是市管县体制的形成和发展，还是省直管县体制改革的探索，都符合这一基本的政治逻辑。两方面兼顾就顺理成章地推出了省内单列的改革模式，这种模式选择有效平衡了地级市和县的利益诉求，既有利于推进改革，又照顾到各方利益，是一个妥协的进步。

第二，加强对县监管的选择。省直管县改革后，监管的有效性受到严峻挑战。省级因管理幅度的增加而承受巨大的指导和监管压力，监管漏洞大量存在；地级市因与县的权责关系改变而面临监督无效的困境；县因监管能力不足而面临监管水平的考验。选择单列模式，就把地级市对试点县的近距离监管和省里对试点县的远距离监管有效地结合了起来。

第三，为辖县大省推进省直管县改革找到一个好的过渡。辖县大省省直管县是改革的难点，在省一级行政区划不进行改革的前提下，省直管县改革推进有限。推行省内计划单列后，省区政府对试点县政府实行直接领导，地级市对试点县党委、人大、政协实行领导，地级市的有效分权，在一定程度上减轻了省里的压力，省直管县改革的范围也就能相应扩大，这为行政区划基本不变的辖县大省推进省直管县改革做了过渡。

总的来看，多数省区这几年省直管县体制改革试点的核心内容是赋予试点县政府省辖市级经济社会管理权限，试点县的经济社会发展事务由省对试点县按单列模式管理，试点县行政建制、行政区划维持不变，党委和人大、政协体制及司法体制、干部管理、社会稳定管理权限与责任维持现状。

省内单列改革面临的困境：一是利益平衡难度增大。一些省区的改革方案要求地级市在改革中平衡与试点县的利益，这在实际推进中难度很大。改革试点之前，由于地级市与所辖试点县经济社会发展利益高度相关，地级市会支持其经济社会发展。试点县单列后，在税收上与地级市脱离了关系。试点县创造的税收由省里和试点县分享，地级市变成了旁观者，因为单列县发展好坏，只会影响到地级市相关经济指标，地级市无法继续获得高额税收，自然也就不再继续投入资源。实际情况是，即使省区政府出台若干鼓励地级市帮扶试点县的奖补机制，也不会取得太大效果。再加上在单列县主要干部的任命和调任上，地级市权力比较有限，也增加了单列县与地级市之间的沟通和合作上的困难。二是体制不顺。大多数试点县与地级市既存在领导与被领导的关系，又存在协商合作与竞争的关系。按照省内单列的要求，试点县党委向地级市报告工作，人大、政协在体制上也没有发生改变。这样就出现了经济社会发展省管、干部人事市管的现象，在工作中产生一些摩擦，使地级市尴尬，县里为难。我们从多个试点县了解到，由于人大和政协体制未作同步调整，影响了县级人大代表和政协委员正常行使权利和履行义务，长此以往必然影响到试点县经济社会发展。在实行省内单列的情况下，试点县党委和政府二元运作模式使体制变得越发不顺。三是干部交流受阻。在市管县体制下，县级干部的选拔、调整，后备干部的培养、使用等，都由地级市负责。省内单列以后，一般来说试点县是由省和地级市共管，由于试点县和地级市存在竞争关系，地级市对试点县干部的调配就不会像以前那么主动，这会逐渐加重省里的负担。现在一个县有县级干部三四十人，在一个地级市范围内可以对干部进行调配。省直管县以后，中间减少一个环节，县处级干部从县到县、从县到市、从县到省的调配管理工作会遇到比较多的问题。

三、省直管县改革是政府间纵向改革的重要内容

20 世纪 80 年代以来，伴随着单一制国家的地方分权改革，世界各国的地方政府呈现出趋同的发展态势。中国政府很好地适应了这一改革，这对中央与地方的关系划定、地方政府职能定位、纵向行政层级和结构优化都产生了重要影响。中国地方分权改革的基本特点是行政性分权，它是改革开放以来政府改革的一个核心取向，重点在于对政府层级间的有关权力和利益进行分割。省直管县改革是十多年来我国政府间纵向改革的重要内容，随着改革在一些关键领域和重点环节的突破，这项改革将成为我国政府间纵向行政层级和结构优化的引领者，改革将深刻触及既有行政体制以及政府间纵向关系的各个方面。

纵向行政层级和结构优化，是我国行政体制改革重要内容。在以往改革

中，我们对横向上的改革比较重视，取得的进展较大，对纵向上的改革则规划不够，力度有限。①从纵向组织结构看，主要问题是层次过多，行政成本过高，地方政府承担的公共服务责任与能力脱节，从而制约和影响了县域经济发展。②调整中央与地方的权力关系，调整地方各层级之间的权力关系，释放经济社会发展的活力，是改革开放以来我国体制改革的基本政治逻辑。无论是市管县体制的形成和发展，还是省直管县体制改革的推进，都符合这一基本政治逻辑。

（一）我国纵向行政层级和结构的特点

我国纵向行政层级和结构的特点，就是行政组织的层级化按照等级原则对行政权限和职责进行垂直划分。我国政府职能的履行，是由从中央政府到乡镇政府的不同层级政府共同承担的，并把政府的职能在不同层级政府之间进行了合理的划分和分配。中央政府着重经济社会事务的宏观管理，制定战略规划、政策法规和标准规范，维护国家法制统一、政令统一和市场统一。地方政府确保中央方针政策和国家法律法规的有效实施，统筹协调本地区经济社会事务，履行执行和执法监管职责，服务基层，维护市场秩序和社会安定，促进经济和社会事业发展。地方政府中省、市（地）、县（市）履职的重点和方式不尽相同。③

宏观纵向行政层级和结构是指国家由几级政府组成。现在我国大部省区由五级政府组成，直辖市由四级政府组成，海南省及少数进行省直管县试点省区的部分由三级政府组成。微观纵向结构是指政府组织内部的工作层次关系。政府部门级别越高，其内部层级越多。微观纵向结构优化不在本研究范围之内。

纵向行政层级和结构优化就是调整不同层级政府之间的关系。由于我国是单一制国家，一级政府要接受上一级政府的领导，同时一级政府的职能部门也要接受上一级政府相应的职能部门的业务指导或领导，这样就形成了双轨双重纵向管理体系。其中，一轨是指上级政府层层领导下级政府形成的纵向管理体

① 沈荣华：《纵向行政体制改革：重点领域和思路选择》，《行政管理改革》2010年第5期。

② 汪玉凯：《深化纵向行政管理层级改革研究》，《中国机构改革管理》2011年第2期。

③ 王澜明主编：《中国特色社会主义行政管理体制研究》，新世界出版社2010年版，第7—8页。

系，另一轨是指上级政府部门层层领导或指导下级政府部门形成的纵向管理体系；一重是指地方各级政府直接接受中央政府的领导，另一重是指地方各级政府的职能部门接受中央政府职能部门的指导管理。

双轨双重纵向管理体系是中国特有的条条管理制度。这种领导体制和组织管理体系的设计不无道理，它是针对我国单一制管制型国家的特点做出的适合客观需要的选择，要求政令的上下一致和畅通无阻，其目的是增强中央对地方政府的调控力和影响力。但是由于地方政府实行块块管理，即每一级地方政府内部按照管理内容设置不同部门和机构来管理地方经济社会发展各项事务。块块管理强调的是一级政府的独立与完善，以及内部各部门相互之间的协调与配合。也就是说，其管理重点是微观横向结构上的各个部门关系的调整和协调。这样条块之间的冲突和矛盾就在所难免。① 由于中央及地方政府的职能定位不清，上下级政府间常因具体经济利益发生矛盾，形成遇到利益便争、遇到责任则推的局面。近些年这种情况在地级市与辖县之间存在较多，成为纵向管理的难点。

（二）影响我国地方政府间职权的相关要素

地方政府的职权获得来自国家权力机关和中央政府的授权。中国的各级地方政府都是中央政府的分支机构，这种性质决定了地方政府的职权在很大程度上来源于上级政府的层级配置和国家权力机关的安排。宪法规定，全国人民代表大会批准省、自治区、直辖市的建置，全国地方各级人民政府都是国务院领导下的国家行政机关，都服从于国务院。国务院统一领导全国地方各级政府的工作，规定中央和省、自治区、直辖市政府职权的具体划分。由于省以下地方政府的多层级性，使得中央政府对地方各级政府的职权配置往往是通过科层体制层层配置来实现的，因此，上级政府对某项具体规章的制定与修改或公共政策的出台就成为地方政府职能配置的重要来源之一。省直管县是政府间职权关系的重要改革，它必将对县级政府职能配置产生重大改变。

对地方政府职权有较大影响的因素有以下几个方面：

---

① 周天勇等：《中国行政体制改革30年》，格致出版社、上海人民出版社2008年版，第225页。

一是高层级政府比低层级政府具有更大职能空间。经验表明，不同层级政府职能履行的制度空间是不一样的，省级政府相对于地级市政府具有更大的制度空间，地级市政府相对于县（市）级政府具有更大的制度空间。在不同的政府间关系模式下，同一层级政府职能的制度空间也是不一样的，相对于市管县体制，省直管县体制下的县级政府具有更大的制度空间。

二是不同财税体制对各级政府职能履行具有决定性影响。1994 年分税制后，绝大多数省份按照中央与地方的财政管理体制，确定了省以下的财政体制。这样就出现了财力向省和地级市集中、县（市）乡财政日益困难的状况。正如有人总结的那样，按现行分税制，省政府基本满意，地级市过得去，县级财政很困难。最明显的纵向财政缺口产生于县级政府。

三是垂直管理体制是政府履行职能的一种形式。改革开放后，我国实行权力下放，扩大地方自主权，这一举措促进了经济社会发展，但同时也引起了地方保护、市场分割现象，在这种背景下中央政府加大了垂直管理的范围和力度。随着垂直管理的不断增加，又出现了地方政府特别是县级政府职能受到肢解、统筹协调能力不足、权责不对称等新问题。省直管县改革给县级政权带来的最大变化就是开始恢复微观的国家地位。

四是国家基本公共服务体系的调整。为了调整中央政府和地方政府公共服务的责权，国务院出台了《国家基本公共服务体系“十二五”规划》。该规划调整的方向为：一是合理界定中央政府与地方政府的基本公共服务事权和支出责任。逐步将适合更高一级政府承担的事权和支出责任上移，增加中央和省级政府在基本公共服务领域的事权和支出责任。二是完善转移支付制度。科学设置、合理搭配一般性转移支付和专项转移支付，充分发挥省级财政转移支付有效调节省内基本公共服务财力差距的功能。三是健全财力保障机制。拓宽基本公共服务资金来源，加大县级财政保障基本公共服务能力。[①] 这是国家基本公共服务的制度安排，明确各层级政府职权基本范围，是“十二五”乃至更长一段时间内政府履行公共服务职责的主要依据。

---

① 参见《国家基本公共服务体系“十二五”规划》，《人民日报》2012 年 7 月 20 日。

（三）纵向行政层级和结构优化的重点

纵向行政层级和结构优化包括很多方面。从中国行政改革的实践来看，在行政性放权的同时，理顺关系、优化结构，形成权责一致、分工合理、执行顺畅的行政管理体制是政府纵向行政改革的重要内容。在中央与地方关系上，目前的改革主要集中于省直管县改革。[①]省直管县改革是一种调整政府体系的尝试，有利于减少行政层次，降低行政成本，提高行政效率，发挥县级统筹经济社会发展的作用。理论界多数人认为，推进省直管县改革是当前纵向行政层级和结构优化的重点。

合理、协调的行政层级体系是国家行政权力顺畅的重要基础，也是促进科学发展的重要保障。纵观世界各国地方行政管理，我们看到美国设两级，即州政府和地方政府，地方政府包括市、县，市、县不论大小都归州管辖；日本地方行政管理也是两级，都县府道是一级，相当于我国省区级，市町村为一级，市町村不论地域大小，经济发展怎样，都属于都县府道的管辖；德国、法国也是两级地方政府。因此，我国行政区划应该进行合理的调整。

行政区划如何调整，减去哪一层，如何减，有多种设想。有学者认为，可取消市管县，使市县同级，地级虚化为省的派出机构，乡镇不再作为一级政府和一级财政，而是变成县级政府的派出机构，形成三级政府（中央、省、市县）和两个半级政府（地和乡作为派出机构层级）。还有学者认为，可实行弱省虚县，强化市和镇的中心城市作用和行政建制，逐渐简化为中央、市、镇三级政府。也有学者建议，可缩小省区，实行中央、省、县、乡四级政府建制。这种观点主张缩小省级区划，增加省级区划单位，全国可设90至100个，而不是有些学者建议的50至60个；中央政府可设立若干地方事务部，每个地方事务部分管15至20个省区，每个省区管辖15至25个县市。[②]从我国的实际出发，考虑到统筹城乡发展，特别是城镇化发展的历史任务，我们认为，在多年对县域扩权改革的基础上，在纵向行政层级和结构上改变省管地级市、地级市

---

① 马宝成：《当前行政改革五大热点问题透视》，《行政管理改革》2012年第10期。

② 参见中国行政管理学会主编：《政府层级管理》，人民出版社2009年版，第242页。

管县的体制，实行省管地级市和县的体制，也就是省直管县体制，应是当前纵向行政层级和结构优化的重点。

在现有地方政府层级中，省一级属于地方一级设置，是国家重要的政治层级，一般不会改变。县这一层级发挥着承上启下的作用，在统筹城乡发展的重要历史时期作用更加突显。地级市是后来形成，发挥过重要的历史作用，但随着改革的推进，市管县体制的弊端也显现出来，在一些地方形成“市卡县、市压县、市吃县”的现象，县域经济社会发展受到影响。近年来，由于政府职能的转变从根本上减轻了各级政府的工作量，技术进步和基础设施的改善创造了工具上的条件，公共管理创新需要政府扁平化改革，而且更由于需要解决市管县体制造成的问题，我国才逐步推出了省直管县改革，并使之成为我国行政管理体制改革的重大战略和未来发展方向。

四、省直管县改革使得政府间功能建设趋向合理

以省直管县改革为代表的地方分权改革，是一种依靠行政力量破除阻碍市场经济发展的体制性因素的行为，是一种通过重新分配省、地级市、县（市）公共权力资源，推进区域经济按市场规律运行的重要改革，其内容是将本来属于县（市）的行政权力归还县（市），或将县（市）本来没有的权力赋予县（市），使县（市）经济更具活力。省直管县改革优化了地方政府的权力配置，使得地方政府间功能建设、利益分割趋向合理。

（一）省直管县改革是政府间纵向体制性要素的变革

随着市管县体制弊端的日益显现，全国一些省区陆续开展了强县扩权和扩权强县改革，尽管各地的改革措施不一，改革的力度也不一样，但是改革的整体思路是一致的，都是给县这一层级以更大的发展自主权，最后走向完全的省直管县体制。省直管县改革的体制性要素变化主要体现在经济管理体制、财政体制、人事管理体制等方面。

1. 下放经济管理体制

一般来说，省直管县改革是在暂时不涉及行政区划变更的情况下，将少部分省和地级市的经济社会管理权下放到县（市）。下放的权限涉及规划管理、市场监管、国土资源、发展计划、经济贸易、人力资源、社会管理等多个方面。例如海南省明确规定，党中央、国务院的方针政策由省委、省政府直接指导市县实施落实；县（市）政府直接履行省辖市的行政职权。2000—2006年，海南省政府先后下放了62项行政审批事项、43项行政许可事项到县（市），共分6批清理了省政府所属部门实施的行政审批事项945项，取消了293项，取消和调整了年审和年检事项15项。2008年海南省政府正式下放了经济、社会事务管理权197项，其中经济管理权限166项，占下放事权总数的84.2%；社会管理权限31项，占下放事权总数的15.8%。[①]2002年浙江省将313项审批权下放给绍兴县等17个经济强县（含县级市），以及杭州市萧山区等3个区。2003年湖北省委下发《关于扩大部分县（市）经济和社会发展管理权限的通知》，将部门的239项权限下放给大冶等20个县（市）。2004年河南省政府下发了《关于扩大部分县（市）管理权限的意见》，将属于地级市的部分经济管理权和社会管理权下放给巩义等5个县（市）。2007年四川省政府下达了《关于开展扩权强县试点工作的实施意见》。[②]

省直管县改革的主要抓手就是强县扩权和扩权强县改革，从各地的改革实践来看，都是围绕着从体制上解决地级市政府对县级政府的牵制、放权于县（市）级政府这一主线而展开。各省在开展扩权改革时，大都从下放经济管理权限入手，继而下放社会管理权限。在现实中，扩权强县和强县扩权中遇到的问题之一就是，省级政府下放权力之后，仍需承担由此权力产生的责任。[③]可见县域扩权只是省直管县改革的一个过渡。

---

① 参见潘小娟：《关于推行“省直管县”改革的调查和思考》，《体制改革》2012年第7期。

② 参见于建嵘：《中国的县政改革实践：困境与出路》，《中国延安干部管理学院学报》2011年第1期。

③ 王利月：《近年来省管县体制改革研究述评》，《体制改革》2011年第12期。

2. 改革财政管理体制

自1994年实行分税制以来，县级政府大多面临财力匮乏的局面。围绕县级政府财政解困，国家进行了一系列改革，包括省直管县改革。现在，我国财政管理层级上，有省直管县体制也有市管县体制，市管县体制是当前占主导地位的地方政府间管理体制。实行市管县体制的初衷，是利用城市政府的财力优势帮助经济比较落后、财政比较紧张的县级政府尽快发展。由于在制度设计上我国财政体制越来越表现出向上集中的倾向，实行市管县体制使财政资源配置过多地向地级市倾斜，导致县级政府普遍面临财政紧张的困境。一些地级市为了城市发展，往往集中财力建设地级市，从而富了一个地级市，穷了几个县，这样就形成了“市压县”“市刮县”的局面。学者研究指出，市管县体制实施后，“国家转移县乡财政”与“县乡上缴财政”之间的差额已从1980年的“正160亿元”变为1999年的“负1600亿元”，“三农”问题的形成与市管县体制有直接的关系。①

为了解决这一问题，一些省先后进行了省直管县财政体制改革。例如2004年湖北省出台《关于省管县（市）财政体制改革的具体实施意见》，2007年江苏省出台《关于实行省直管县财政管理体制的通知》。改革的主要政策就是对县这一层级财政进行倾斜、帮助。随着一般性转移支付和专项转移支付越来越直接针对县，县级财政对资金的分配使用效率提高了，地级市在资金分配中“上截省、下拿县”的突出问题得到一定程度的解决。这项改革的重要性是增加了县级经济发展的动力，随着各种经济与社会管理权力下放到县，县级政权的完整性得到加强，直接推动了县域经济的发展。

3. 改革干部管理制度

省直管县改革在干部管理方面主要有两方面：一是采取了适度上收的制度安排。县（市）的正职领导交由省委直接管理，其他县级领导班子成员仍由市委管理；二是高配县（市）级主要领导。县（市）委书记和其他县（市）级正

---

① 孙学玉、伍开昌：《构建省直接管理县市的公共行政体制》，《政治学研究》2004年第1期。

职领导干部由处级升为副厅级，目的在于既增强省的调控能力，又确保县的自主发展。各省区的做法略有不同：从1983年起，浙江省县（市）党政一把手均直接由省委任命，他们的晋升与地方经济增长绩效密切相关。根据浙江省委组织部对20个经济强县（市、区）的情况分析，1992—2002年担任书记的共有56人（不含现职），其中有44人被提拔重用，占79%。2006年，浙江省将提高义乌市主要领导人的行政级别列为第四轮强县扩权的重要内容，对义乌市和其他县（市）的主要领导人产生了强烈的激励作用。[①] 海南省县一级领导班子都由省委直接考核、任命和管理。新疆维吾尔自治区及沿海的一些地区是由地级市副书记或副市长兼任县委书记。

在干部管理体制上，目前中央主要是要求省委加强对县委书记的选拔任用和管理。例如2009年4月中共中央组织部下发《关于加强县委书记队伍建设的若干规定》。该规定指出，县委书记的选拔任用，要按程序报经省级党委常委会议审议；要加强和完善省委直接对县委书记的教育培训、考核、监督、激励等机制；省级党委的巡视工作要延伸到县。

（二）省直管县体制改革带动政府间纵向层级的改变

中国大多数地方政府层级为四级，在世界范围来看，是比较多的。层级过多，势必降低行政效率。随着省直管县改革的推进，政府层级变化成为必然。

1. 地方政府层级改革的实践

1988年海南建省时就实行省直管县体制，为各市县提供了公平发展平台，现在看来其体制效应已经显现。在直辖市里，重庆作为较大地域的直辖市也采取直管县体制，现在看来运行良好。这些地方在减少地方政府层级方面都积累了很多经验。湖北省20世纪90年代，将随州、仙桃、潜江、天门4个县级市实行省直管，促进了4个市的快速发展。现在随州已发展成为地级市，另3个

① 李金珊、叶托：《县域经济发展的激励结构及其代价 —— 透视浙江县政扩权的新视角》，《浙江大学学报》（人文社会科学版）2010年第3期。

市近年来经济社会发展一直名列湖北十强县市的前列。2011 年，安徽为加强巢湖流域的综合治理，撤销地级巢湖市，并对巢湖市的 1 区 4 县进行区划调整，这一改革影响很大。

2. 中央对改革的有力推动

鉴于市管县体制存在的问题，2005 年时任国务院总理温家宝在全国农村税费改革工作会议上指出：具备条件的地方，可以推进省直管县和乡财乡用县管的改革试点。国家“十一五”规划中提到理顺省级以下财政管理体制，有条件的地方可实行省级对县级的管理体制。党的十七大以来，在加快行政体制改革的新形势下，党中央和国务院明确提出，继续推进省直接管理县（市）的体制改革。2008 年 8 月颁布的《关于地方政府机构改革的意见》，要求有条件的地方可依法探索省直接管理县（市）的体制，进一步扩大县级政府社会管理和经济管理权限。在同年 10 月召开的党的十七届三中全会通过的《中共中央关于推进农村改革发展若干重大问题的决定》中，这些重要思想又得到进一步阐发和肯定，该决定强调，要优先将农业大县纳入改革范围。2009 年中央一号文件提出，推进省直接管理县（市）财政体制改革，将粮食、油料、棉花和生猪生产大县全部纳入改革范围。2009 年 6 月国家财政部出台《关于推进省直接管理县财政改革的意见》，明确提出了省直接管理县财政改革的总体目标，即 2012 年底前，力争在全国（民族地区除外）全面推进省直管县财政体制改革。国家“十二五”规划中延用和强调了这些极其重要的政策主张。2012 年 11 月召开的党的十八大和 2013 年 11 月召开的党的十八届三中全会，都强调有条件的地方要推进省直管县（市）体制的改革。

五、省直管县改革遇到的问题和分类推进

20 世纪中期以来，学术界在探讨国家和地区发展问题时，特别注重寻找影响乃至决定一个国家和地区发展的最根本因素，产生较大影响的理论有地理假说、文化假说、外贸假说、制度假说等。诺贝尔经济学奖获得者、美国

芝加哥大学舒尔茨教授则总结认为，社会思潮会影响一国的政治和经济制度安排。[①]由此，我们探讨性地提出，占主导地位的社会思潮对政府的制度安排的影响，是决定一个国家和地区发展的最根本因素。进入21世纪以后，统筹城乡和城乡一体化的新理念发展成为占主导地位的社会新思潮，与之相伴生的省直管县改革则成为统筹城乡和推进城乡一体化的重要路径，其中后者尤其需要重点研究。

（一）统筹城乡经济社会发展与公共资源配置调整

正确处理工农、城乡关系，历来是我国革命和建设的重大问题。建立统筹城乡和促进城乡经济社会发展一体化制度，是从根本上消除城乡二元结构的必然要求。改革开放以来，中国特色的工业化、城镇化建设加快推进。但是，由于历史条件的制约，特别是长期形成的城乡二元结构没有根本消除，城乡二元的公共服务制度安排加剧了城乡基本公共服务失衡，使工农关系不协调的局面难以根本改变。并且又出现了“财权上移与事权下移”、“财权与事权不匹配”和县乡两级政府“负债面广和负债数额高”的新问题。一些地方不和谐因素在积累，基层社会稳定面临许多新挑战。

进入21世纪以后，党和政府重新审视过去“重城轻乡”的非均衡发展战略，借鉴世界各国现代化发展的一般规律，深刻总结中华人民共和国成立以来特别是改革开放后我们党处理工农、城乡关系问题的经验教训，对国家战略作出重大调整：一是提出统筹城乡，实现城乡经济社会发展一体化。党的十六大以来，中央科学提出了统筹城乡经济社会发展的重大战略；十七届三中全会提出了建设城乡经济社会发展一体化制度的战略安排。二是提出工业反哺农业、城市支持农村。胡锦涛同志曾提出“工业反哺农业、城市支持农村”和“以工促农、以城带乡”两个趋向的重要论断。三是提出建设社会主义新农村。从2004年至2009年，中央连续发出了六个关于新农村建设的一号文件。四是提出

① 林毅夫：《在剑桥大学马歇尔讲座上的讲演：发展与转型——思潮、战略和自生能力》，《文汇报》2007年11月5日。

发展壮大县域经济。十六大报告首次突破性地提出“壮大县域经济”，这是“县域经济”概念首次被写进党的重要文件。此后，政府工作报告和“十一五”规划都提出发展壮大县域经济的内容，十七大报告又再次重申“壮大县域经济”。

占主导地位的社会思潮推动了经济社会政策的出新。各种迹象表明，我国经济发展正进入由偏重城市经济向城乡统筹并侧重县域经济发展的新阶段。从体制改革、制度建设上着手，建立统筹城乡发展的新体制，构筑支持农业农村发展的保障体系，才能从全局上、根本上突破城乡分割的体制和结构。[①]统筹城乡，推进公共服务均等化，重在制度建设。[②]这样，就提出了改变公共资源配置方式的大问题。我们认为，实行省直管县改革，是改变公共资源配置方式的重要内容，是夯实国民经济基础、提升县域在国家经济社会发展中的地位的需要，是加快统筹城乡发展、建设社会主义新农村的需要，是努力解决县乡两级政府财政困难、维护基层和农村社会稳定的需要，是改变政府公共服务职能薄弱的窘状、探索公共服务管理创新的需要。这种改变，我认为可以简要概括为两个重要的现象或概念：“公共资源配置权下移”和“公共服务统筹权上移”。这是对公共经济政策和公共社会资源由过去的偏重城市开始向偏向县域和农村转换的状态的概括。

什么是“公共资源配置权下移”？它至少包含这样两个方面的内容：一是中央和省级政府的公共政策应当更多地向县域倾斜，要通过行政权力下放和扩权，加强县域统筹发展的能力，调动县域发展经济、解决“三农”问题的积极性和创造性；二是中央和省级政府的财力配置尽量向县城和农村倾斜，“多予少取放活”要成为方向性的常态，要有制度性的保证。

什么是“公共服务统筹权上移”？它主要包含这样两方面的内容：一是加快统筹城乡发展，强化以民生为重点的社会事业发展和公共服务提供，统筹权上移省政府和中央政府，减轻县乡在统筹中的压力，也改变市统筹的省域内不均衡问题；二是强化省级政府在辖区内统筹农村教育、文化、医疗、保障和平衡财政的责任。在我国目前的经济发展阶段，需要逐渐提高统筹层级，推动省

---

① 魏礼群：《建立促进城乡经济社会发展一体化制度》，《求是》2008 年第 20 期。

② 迟福林：《改革发展新时期的基本公共服务》，载中国海南改革发展研究院编：《民生之路》，中国经济出版社 2008 年版，第 13 页。

级政府积极实施辖区内的财政统筹。追求省域公平是重要的过渡步骤，在此基础上，我们应争取实现全国城乡的统筹。

（二）改变公共资源配置方式与省直管县体制改革

近年来，对我国行政管理体制中地方层次过多的问题，各方面有许多议论，主要集中在市管县体制上。目前的市管县体制是1983年以来逐渐形成的，这种体制在我国经济发展、政治稳定、社会进步方面曾起过重要的作用，特别是对中心城市的建设和形成有着很大的推动作用，强化了人们对区域经济中心重要性的认识和对城市的归属感。[①]但随着我国市场经济特别是区域经济的发展和行政治理环境与手段的变化，这种适应计划经济年代的行政体系，因层级过多导致的高成本、低效率的问题日益显现，县域经济发展急需的资源难以得到有效配置，市管县体制对县域经济发展制约逐渐加大。

从总体上看，市管县体制的消极因素逐渐增多，这种体制已不能适应经济社会发展的需要。第一，市管县体制增加了管理层次和管理成本，同时也降低了行政效率。第二，市管县体制下市对县产生了经济学意义上的“挤出效应”，不利于加强城乡统筹。第三，市管县体制导致农村被忽略，城乡公共服务差距越拉越大。第四，市管县体制下，地级市并没有产生“极地”效应，相反倒出现“离心”趋势。要改变公共资源配置方式，就需要改变市管县体制。[②]

在建立和完善市场经济体制的进程中，20世纪90年代以来，我国有部分省尝试对市县经济管理体制进行改革。如1992年至2006年，浙江省四次实行强县扩权改革，下放权力给县一级，扩大县域发展经济的自主权。数百项本属于地级市的经济管理权限降至义乌、萧山等20个县（市、区）。义乌市（金华市辖）可根据经济社会发展需要，调整、优化政府机构设置和人员编制方案；可设立海关、出入境检验检疫、外汇管理、股份制商业银行等相关分支机构；适当增加市场监管、社会管理和公共服务部门的人员编制等。这也是浙江省强

① 戴均良：《城乡大转型时期的思考》，中国社会出版社2006年版，第117页。

② 张占斌：《省直管县体制改革的实践创新》，国家行政学院出版社2009年版，第34—43页。

县（市）扩权最引人注目的地方。只有强县才能强省，已成为省级决策层的共识。人们发现浙江省县域经济大发展的原因除了“草根经济”之外，“省直管县”也是重要的经验，它成为浙江发展县域经济的新动力。[①]而此前，海南省由于土地面积和人口较少，在1988年建省之初即实行了“县市分治”、省直管市县改革，即市只管理城市本身，县则由省直接管理。2008年夏，海南省新一轮向县域扩权的行动又强势展开，力度比以前更大。1997年重庆市划归直辖后，经过调整，在较短的时间内完全过渡到直管区、县。根据有关部门截至2008年秋的统计，我国有24个省份对818个县（市）陆续进行了财政体制“省直管县”的改革试点，约占全国县级总数的40.8%。也还有8个省份选择219个县进行了强县扩权和扩大县级政府经济社会管理权限等省直管县的试点，并有继续扩大和纵深推进的趋势。[②]

各省改革的范围、力度、重点或许有所区别，但综合来看，具体做法主要有：一是通过强县扩权，把地级市的大部分经济管理权限和社会管理权限直接或委托下放给某些重点县，形成近似于省管县的格局；二是从财政管理入手，实行由省对县的直接管理体制，加强省级财政对县级财政的统筹；三是加强县委书记和县长队伍建设，县里的主要领导由省直管，其培训被纳入中央党校、国家行政学院等国家级干部培训机构，提升县级主要领导的职级和组织人事管理规格；四是出台发展县域经济和推进省直管县改革的文件，加快改革的探索。从试点情况看，这一探索有利于调动和发挥县级政府的积极性，促进县域经济社会发展；有利于深化行政管理体制改革，减少行政层级，提高行政效率；对促进城乡协调发展、推进城乡一体化进程，也具有重要意义。

省直管县改革实质上是对公共行政权力和社会资源的重新分配，其根本目的是为了更好地解决“三农”问题，推动新农村建设，促进县域经济发展，实现城乡统筹，夯实和谐社会的基础。各省的改革探索，与21世纪党和政府提出的科学发展观、构建和谐社会的战略思想密切相关，同时，也预示着我国经济社会发展进入新发展阶段后，公共管理的创新和突破进入密集活跃期。2005

---

① 孙学玉：《强县扩权与市管县体制改革的必要性分析》，《中国行政管理》2006年第5期。

② 马凯：《在国家行政学院2008年秋季开学典礼上的讲话》（讲话稿），2008年9月4日。

年，时任国务院总理温家宝在全国农村税费改革工作会议上指出，“具备条件的地方，可以推进‘省直管县’的试点”。国家“十一五”规划在完善财政体制相关内容中提到“理顺省级以下财政管理体制，有条件的地方可实行省级对县的管理体制”；在推进政府职能转变相关内容中强调“优化组织结构，减少行政层级”。2006年中央一号文件提出，有条件的地方可加快推进省直管县财政管理体制和“乡财县管乡用”管理方式的改革。2008年8月《关于地方政府机构改革的意见》中提出，要继续推进省直接管理县（市）的财政体制改革，有条件的地方可依法探索省直接管理县（市）的体制，以进一步扩大县级政府社会管理和经济管理权限。2009年中央一号文件明确提出：推进省直接管理县（市）财政体制改革，将粮食、油料、棉花和生猪生产大县全部纳入改革范围；稳步推进扩权强县改革试点①，鼓励有条件的省份率先减少行政层次，依法探索省直接管理县（市）的体制。人们注意到，中央此前几年在不同文件中对省直管县改革问题已数度涉及，但一号文件中的这段话无疑是最新的表述。这也再次彰显出中央鼓励地方大胆探索、推进行政管理体制改革的决心。2009年6月22日财政部发布《关于推进省直接管理县财政改革的意见》，要求在短期内首先将粮食、油料、棉花、生猪生产大县全部纳入改革范围，2012年底前，力争在全国（民族自治地区除外）全面推进省直接管理县财政改革。这些极其重要的指导思想，传播着这样的信息：接下来的改革将更坚决、范围将逐渐扩大。所有这些都为县域经济发展和地方政府改革创新开拓了政策空间和实践空间，它预示着：政府改革已经从减人、减事和合并机构的调整，开始扩展到“减少行政层级”的结构改革上。城乡统筹需要改变资源配置，政府管理体制也需要有重要突破，而省直接管理县（市）的体制改革探索有能力担负起创新的重任。

（三）加快推进省直管县改革的基础条件成熟

2008年9月8日下午，为配合国家行政学院“资源配置改革与县域经济

① 以往，各种文件采用更多的提法是“强县扩权”。2009年中央一号文件提法是“扩权强县”。这两种提法虽然都是强调扩权，但还是有一定差异。前者更多地着眼于强县的扩权，而后者更多地强调通过扩权而强县。显然，后者更为准确和全面。

发展”教学需要，我对第二期县长进修班学员进行了问卷调查（见表3-2）。该班学员来自全国29个省、直辖市、自治区，共89人，县级市市长12人，县长47人，区长23人，兵团团长5人，兵团场长1人，旗长1人。发出无记名问卷89份，收回有效问卷72份。回收率80.9%。[①]从问卷回答的情况，能够看出一些问题。

表3-2　省直管县体制改革与县域经济发展问题问卷调查

序号	问题内容	人数、百分比	人数、百分比	人数、百分比
1	对改变市管县体制改革的基本态度	62人赞成，占86.11%	7人不赞成，占9.72%	2人没有看法，占2.78%
2	对推行省直管县体制改革的基本态度	69人赞成，占95.85%	1人不赞成，占1.38%	2人没有看法，占2.78%
3	对省直管县体制改革实现形式的看法	57人主张全面进行，占79.17%	10人主张通过财政体制，占13.89%	3人主张保留市管县，占4.17%
4	所在的县（市）目前是否进行了省直管县体制改革	15人回答正在进行，占20.83%	34人回答还未进行，占47.22%	10人回答没打算进行，占13.89%
5	最希望省直管县体制改革在哪些方面取得突破	31人选择财政体制，占43.06%	39人选择行政体制，占54.17%	24人选择干部体制，占33.33%
6	省直管县体制改革对发展县域经济有没有促进作用	66人回答有，占91.67%	0人回答没有	4人回答不清楚，占5.56%
7	目前行政体制制约县域经济发展的最主要的因素	59人认为上级政府放权不够，县级政府权力小、责任大，占81.94%	30人认为财税体制不合理，县级政府税收留成比重太小，占41.67%	36人认为垂直管理部门越来越多，关系难以理顺，占50.0%
8	希望在发展县域经济中最先解决什么问题	47人选择行政体制制约，占65.28%	25人选择财政体制制约，占34.72%	8人选择金融体制制约，占11.11%

其一，对省直管县体制改革的基本态度，69人赞成，占总人数的95.85%，比例最高，即使是市辖区区长也持赞成态度。认为省直管县体制改革对发展县域经济有重要的促进作用，有66人，占91.67%。

其二，对省直管县体制改革实现形式的看法，57人主张全面进行，占

① 张占斌：《省直管县体制改革的实践创新》，国家行政学院出版社2009年版，第149—150页。

79.17%，方向有共识；39人最希望省直管县体制改革在行政体制取得突破，占54.17%。这说明，从财政体制到行政体制的省直管县改革应当是发展的方向。

其三，关于希望在发展县域经济中最先解决什么问题，47人选择行政体制，占65.28%；25人选择财政体制，占34.72%。

其四，关于目前行政体制制约县域经济发展的最主要的因素，59人选择上级政府放权不够，县级政府权力小、责任大，占81.94%；36人选择垂直管理部门越来越多，关系难以理顺，占50.0%；30人选择财税体制不合理，县级政府税收留成比重太小，占41.67%。

其五，关于所在的县（市）目前是否进行了省直管县体制改革，15人回答正在进行，占20.83%；34人回答还未进行，占47.22%；10人回答未打算进行，占13.89%。

2008年11月12日到18日，国家行政学院举办第二期“学习贯彻党的十七届三中全会精神”县委书记培训班，学院经济学部就当前农村改革发展的若干重大问题，对参加培训班的294位县委书记进行了问卷调查。问卷调查采取匿名方式进行，回收有效问卷259份，回收率约为88%。其中西部地区107份，占41.3%，中部地区66份，占25.5%，东部地区55份，占21.2%，东北地区27份，占10.4%，另有4份未填写所在地区。

许多县委书记表示，中央提出实行省直管县体制改革，方向正确，衷心拥护。对于当前推进省直管县（市）改革存在的主要问题，有82.2%的县委书记认为是中央仅有大的精神，但没有具体的政策出台，实践中矛盾问题很多，希望中央有更加明确具体的政策；57.5%的县委书记认为垂直管理部门过多，制约太大，权力被分割；49.4%的县委书记认为省级政府部门或创新精神缺乏，或利益保护严重，放权还不够，即使放权也有许多的限制条件；43.6%的县委书记认为地级市不积极，能拖就拖，而且对县里已经减少或不再投入。许多县委书记建议，只要中央决心大、要求明确，就能够加快推进省直管县的速度和力度。在这个问题上，中央的态度可以更鲜明些，政策再具体些，下面的工作就更好做些。要理顺和规范垂直部门与地方政府的关系，尽量减少垂直管理部门。在机构设置方面，实行总量控制，要给县里一定自主权。要理顺和规范垂直部门与地方政府的关系，尽量减少垂直管理部门，它们拿走了权力，留下的是责任。要切实提高县级政府调控能力，赋予县级党委、政府试错权。

从目前的情况来看，我们也基本具备了大力推进省直管县改革的基础条件：

第一，逐步完善的市场经济体制改变了计划经济体制下的行政管理模式，为省直管县提供了制度保障。计划经济体制下的政府是高度集权的全能型政府，政企不分、政事不分、政社不分，政府长期处于高负荷状态，行政幅度的扩展受到严重限制，因而不得不以增加层次来缩小管理幅度。各级政府殚精竭虑，但仍然是捉襟见肘、顾此失彼。另外，为了加强中央对地方的统一领导，也需要建立一个系统、严密的组织架构。可以这样认为，我国行政区划层次过多是计划经济体制造成的。改革开放后，我国逐步确立了市场经济体制，经济和社会获得大发展，传统体制下政府的管理模式被打破，政府主导型的资源配置模式逐渐被市场主导型的配置模式所取代。资源配置的优先权交给了市场，政府的权力被分解，许多职能被市场替代，各级政府重新调整了权力关系、职能范围和管理方式。这种制度转型对于省直管县改革极为有利。

第二，电子政务等现代办公手段的普及和交通通讯的改善促进了管理水平的提高，为省县直通提供了技术和物质保障。在以往的办公条件下，受客观条件的限制，领导者即使竭尽所能也只能管理数量有限的下属单位和人员。随着科学技术的不断进步，现代化的办公设备与办公条件客观上促进了公务员及其领导者的文化素质、专业技术水平及管理能力的大大提高，为省级政府扩大管理幅度创造了条件。另外，航空港、高速公路和国道、省道构建的交通网的形成及现代交通工具的运用，也使省与县之间的交通变得越来越容易，从县里到达省会城市大多能够在 8 小时内完成。如果省区适当划小，许多地区能够实现省内异地办公当日往返。

第三，审批制度改革带来了“效率革命”，政府公共管理创新为省直管县改革提供了政策空间。当前，深化行政管理体制改革是摆在我们面前的一项重要任务，地方政府改革创新的制度空间相应加大。随着《行政许可法》的实施，需要政府行政审批的事项大幅减少，省级政府对县（市）级政府指导事项集中了。审批环节的减少，不仅提高了行政效率，减少了行政成本，还直接减轻了基层政府和农民的负担。同时，企业、公民和各种社会组织自我管理、自我服务的功能大大增强，政府管理从微观转向宏观，从直接转向间接，从根本上减轻了各级政府的工作量，尤其是中央政府和省级政府的工作量。在经济社会大发展大变革的时代，从管理的角度看，政府管理本身也有改革的需求，因此，中央提出有条件的地方可以在财政上进行省直管县改革和试行省直接管理县（市）的体制。国家发展规划中也对推进财政体制上的省管县进行了肯定，并提出“逐步减少行政层级”，这为省直管县改革提供了发展空间。

第四，实现县域突破是大势所趋，壮大县域经济和建设新农村需要县级政府有更大作为。县域经济作为国民经济的基础性单元，在建设新农村的进程中越来越受到关注，但县域经济的发展目前受到许多制度性约束，如市管县体制、金融体制等。许多省在进行强县扩权、财政上省直管县等体制改革时，是在制度框架内进行的“边际调整”。发展壮大县域经济和建设新农村需要县级有更大作为，当前特别需要各级政府加大对县域和基层政府的转移支付力度。省直管县后，一方面由于县级政府权力扩大和财政留成比例增加，使县里有更大的积极性并能够调动更多的资源来发展县域经济；另一方面，由于减少了市级管理层次，可以大大提高行政效率，降低行政管理成本，从而减轻农民负担。

第五，各地对完善县级干部管理制度也有积极的探索并取得了一些经验，能够为省直管县提供组织人事制度方面的保障。县级领导更换快，任期短，责任大是一个普遍现象，这种情况一定程度上影响到县域经济的发展。在省直管县的改革中要完善干部管理制度，适当根据干部的资历、贡献等，提高那些有能力、有作为的干部的行政级别或为他们的升迁做好铺垫，以利于他们安心工作。从各地强县扩权或省直管县干部职级配备和教育培训的情况来看，目前主要是提高县级领导职级和政治待遇，如把县委书记和正职干部由处级升为副厅级，把县委书记选任省委委员、省委候补委员，下派副厅级干部到县里任职，由省级对县里的主要干部进行直接管理和调整，把县委书记、县长纳入国家级干部院校的常规培训等。这些改革体现了上级领导对县域的高度重视，应在探索中逐步完善。

（四）省直管县改革遇到的问题和分类改革设想

目前省直管县改革也遇到了不少问题，主要有以下方面：

一是扩权和放权的落实情况不容乐观。一般来讲，扩权和放权大体有 1/3

到位，1/3 半到位，1/3 蜻蜓点水。部分试点县官员将“扩权强县”形象地比喻为“一喜一愣一惊”：看到文件一喜，到部门办事一愣，最终结果心里一惊。①也有的地方，虽然也放了权，但有许多附加条件；虽然有些附加条件是必要的，但也有一些附加条件没有什么道理，也没有必要。如此一来，县里还是解决不了问题，结果等于没有放权。

二是省辖市对扩权县市的支持力度减弱。一些地市级政府为了本级利益，不愿下放权力，一些地方出现了与扩权县“争收”的情况。比如，在财政配套资金问题上，对于一些已经审批的项目，省里资金下来了，要求省辖市配套的部分没有到位，而省里又没有直补的政策，这样就给县（市）发展带来很大的资金制约。许多县里的官员认为，省直管县探索，需要中间环节无所作为，方能给试点县以真正的扩权。

三是垂直管理部门在扩权政策中定位模糊。土地、金融、工商、税务等垂直管理部门对当地经济发展具有举足轻重的影响，但它们各自都有自上而下的一套行政体制和管理方式，既要服务块块，也要服从条条。它们本身对有些政策也拿不太准，总是希望垂直管理上级能够下个明确的文件。当上级的文件没有到来的时候，它们有时感到无所适从，既不愿意背上不支持改革创新的“骂名”，也不愿意冒很大的政策风险，矛盾心态非常明显。扩权政策在这种既成的事实面前显得无能为力，也没有更好的办法。

四是催生了县与原属省辖市之间矛盾。各地的扩权强县和省直管县改革，目前还只是突破了过去的财政体制和部分的人事管理体制，还没有真正涉及行政体制问题，县市之间在行政关系上还有上下级关系。因此，扩权的这部分县（市）事实上与原来隶属的省辖市还没有完全脱钩。扩权县既要主动使用对省一级部门的话语权，又要维护与市领导部门的关系。县里的工作需要两面周旋和汇报，哪方面都不能疏忽和大意，这就增加了这些县（市）主要领导进行协调的工作量。县里的干部在正式和公开场合还不敢发牢骚，但从内心里希望能彻底地“绕开”地级市，希望地级市“无为而治”。

五是经济管理权与社会管理权下放不匹配。在我们进行调研的省份，如浙

---

① 谢良兵：《省管县：“无为”之治》，《经济观察报》2008 年 9 月 1 日。

江、海南、吉林等地方，不少县市的负责人和部门负责人反映，中央讲过去我们存在着经济建设和社会建设“一条腿长，一条腿短”的问题，现在更加需要加强社会管理和社会建设。在省直管县体制改革过程中，在经济方面放权（虽然还有问题）还是比较有力度，相比之下，关于社会管理方面的权限下放则有些保守，力度远远不够。希望在这些方面能够加强。

六是“扩权强县”后省级政府的监督管理能力需要加强。扩权后大量经济社会管理事务将由县政府直接与省联系，这就形成新的问题：省级政府能否直接管理数量众多的县？县级政府扩权后，省级政府的管理半径增加，如何有效监督县级政府权力的使用，成为当前试点改革和未来实行省直管县体制需要研究的问题。此外，还有一些干部对“扩权强县”后如何监督“大权在握”的县级主要领导，特别是县委书记和县长表示担忧。

推进财政体制上的省直管县改革，工作牵涉面广，需要全局统筹、稳妥推进，要采取分类改革和分类指导方式。就全国而言，由于各省在经济实力、地域面积、人口数量、历史渊源、民族成分、宗教关系方面差别很大，面临的问题也十分复杂，因此改革不宜只有一个模式，其类型可能有三种：

一是在已经形成区域经济中心和正在积极构建区域经济中心的发达地区，如北京、上海、天津、重庆四个中央直辖市和广州、深圳、南京、武汉、青岛、大连、宁波、厦门等城市化水平比较高的副省级城市，重点加大推进邻县“撤县建区”的力度，构建区域经济中心，如珠三角、长三角、京津唐、长株潭、山东半岛城市群、辽中城市群、中原城市群等。较发达的地级市也可适当扩大管辖范围，将近郊县、镇乡全部或部分改为市辖区，或将几个近郊县部分区域划归市辖，以开拓新的发展空间。但这项工作特别要强调实事求是，着眼于经济发展的实际，不能简单依靠行政权力搞刮风式的跑马圈地，不能搞成假的城市化。

二是西部面积比较大的欠发达地区，如新疆、西藏、青海、内蒙古等省区，在国家区划没有进行调整的情况下，由于地域面积特别大，一个地级市甚至一个县的面积就比东部一个省的面积还大，加之经济比较落后，人口也比较少，体制上的矛盾还不明显，客观上也需要有地级市这个层级。所以，可以考虑仍维持目前的行政管理格局。但可向县级单位下放一些权力，选择部分县进行直管试点，扩大县级自主权，搞活县域经济，并积极形成区域中心。同时，还要争取把发展比较好、有潜力、地理位置比较重要的县域升格为地级市，带动西部经济发展。根据对新疆维吾尔自治区库车县的调研，我们认为，在西部地区也可以根据情况选择少部分县实现省直管，以推动县域经济发展，同时也为逐步减少行政层级创造条件。

三是在上述两种情况外的大部分区域，特别是区域面积相对小的省份（例如沿海的东部省份）和东北的三个省份，可以积极探索省直管县改革，对符合地级市标准的强县可以考虑加快升格为地级市，形成区域经济带动中心。以浙江、江苏两省为例，它们应当积极争取中央政府的政策支持，加快增加设市的步伐，对于有条件的县（市），如义乌、昆山等，现阶段可以率先实现从财政体制过渡到行政体制意义上的省直管县。同时，应积极争取中央政府的大力支持，将这些县市升为地级市，以解决目前面临的各种现实问题。其他省份具备条件时，也应当积极推进从财政体制过渡到行政体制意义上的省直管县改革。对中部省份而言，它们既需要扩权强县，也需要在适当的时候，探索要素的积聚，对过小的县进行试点性的整合设市，减少县域数量。

（五）继续推进省直管县改革的政策设想和建议

进行省直管县体制改革要获得比较理想的实际效果，无论是巩固财政体制的省直管县体制，还是逐步过渡到行政体制上的省直管县体制，都需要进行配套的改革来保障。

第一，核心在于转变职能，明确省和市县政府的职责重点。实行省直接管理县的体制，核心内容是转变政府职能。省和市县政府要结合实际，在全面履行职责的基础上，突出各层级政府履行职责的重点和各自应承担的责任，形成全面衔接、分工合理的职能体系。省级政府及所属部门应该集中力量履行规划发展、政策指导、统筹协调、执行和执法监督的职责；市县政府的重点职责是贯彻执行中央和省制定的政策法规，促进本地区经济社会发展，完善社会保障体系和管理体系，加强公共服务体系建设。

第二，关键在于下放权力，激活县级政府发展潜力。当前从理顺省县关系的角度来说，首要的问题便是省级政府应该把大量的行政审批权限下放到县级行政单位，下放的权力包括审批权、财权、事权等。对于经济管理事项，要做到能放则放；对于社会管理事项，要区别对待，不搞一刀切，但也需要比较多地下放，而且应当是今后下放的重点。要进一步增强县级的财力，完善转移支付办法，加大一般性转移支付力度，让县一级有更大的自主权。

第三，调整和完善垂直管理体制，进一步理顺和明确权责关系。现行的省以下垂直管理体制都是近些年形成的，时间不长，地方党政负责人对如何进行这方面的改革调整看法也不一致，中央希望在实践中进一步研究探索更好的改革方案。我认为有两点需要强调，一是“垂直管理”有它的特殊功效，但不能过于迷信“垂直管理”的效用，不能一遇到问题就想通过“垂直管理”来解决；二是现有的“垂直管理”部门也需要改革，不宜再增多“垂直管理”部门，而是应当逐渐调整或减少。

第四，财权与事权要匹配，以事权确定财权。要理顺县级政府与上级政府的事权与财权，从体制和机制上解决上级政府“权大责小”、下级政府“权小责大”等事权财权不对称问题。在考虑我国的财政体制改革问题时，关键还不是财政收入的划分谁多谁少的问题，关键在于以事权确定财权。从浙江省省直管县体制的经验来看，应该做到财政分权与行政分权相结合，事权与财权相配套，以事权确定财权，确保收支平衡。

第五，合理核定县的机构设置，调整各类机构人员配备。从实际情况看，县里有些机构的设置已经不能适应经济和社会快速发展的需要，有些县经济非常发达，流动人口相当多，却警力不足，治安管理工作跟不上，在维护社会秩序方面有相当多的困难。因此，在省直辖县以后，必须改传统体制下的行政级别标准为经济社会发展指标标准，根据实际情况，由经济和社会发展需要决定县级单位的机构设置和人员配备，以便更好地为经济和社会发展服务。

第六，缩小省级政府管理规模和幅度，推进行政区划改革。我国省级政府的管理规模和幅度普遍较大，目前不少省级区划里县级单位有八九十个，多的有 100 多个，如四川、河北、河南省等。可以考虑以增设直辖市、分拆和重组等方式适当增加省级政府的数量，至少应增加 20 个左右的省级单位。比较稳妥的办法是重点考虑增加新的直辖市，比如逐步从大连、青岛、南京、厦门、武汉、宁波、深圳（广州）、西安、乌鲁木齐等城市中加以选择。[①]

第七，调整县级行政区划设置，创新市制。由于我国的县级行政区划设置不科学，造成了地方行政资源与经济资源的配置不合理。譬如，河北省与湖北省的行政区划面积都是19万平方千米，而前者竟然比后者多出了70个县级行政区，这显然是不够合理的。再如，目前全国20万人口以下的县有720个（其中不到10万人口的县有314个），但是有的县却拥有上百万人口，地方财政收入也达到了十几亿甚至上百亿元。可以考虑通过将少部分县升格为地级市、适当合并过小的县、逐步减少镇乡建制、创新市制来减少层级。有学者建议可以改镇为市，从长远来看，这个设想值得重视、研究。

第八，在发展中解决前进中的问题，正确处理局部与全局的关系。如果将来实行行政体制省直管县，可能会带来区域司法体制改革的一些问题。但是，在这方面我们有人民银行大区制管理和改革的经验，届时对司法体制的调整也不会有太大的阻力。如果省里感觉到管理有困难，可以借鉴国外管理经验，组建跨界的区域性协调机构——都市联盟、城市联盟或相关地方政府联合组织。在省的领导下，调节城乡利益矛盾，自主协商、解决共同问题。同时也可设立无治所的派出专员，负责省、县之间的上情下达和下情上报等工作。总之，省直管县改革经过多年比较研究，得到了越来越多的人的认可，但改革也会带来一些问题，需要在改革实践中逐步解决。

---

①　借鉴中国历史和国外区划的经验，可以缩小省级政府的管理规模和幅度，合理界定中央与地方的事权关系，合理下放和配置权力。这其中的道理同汉朝贾谊《治安策》提到的“众建诸侯而少其力”的主张相同，即能够减少和避免地方主义的出现，发挥中央和地方两方面的积极性。

第四篇
新型城镇化发展对省直管县改革的要求

近几年，一些省区省直管县改革呈现出新的特点。这些省区在完善省直接管县财政体制、继续放权县域、减少行政层级的同时，推进省直管县改革与城镇化发展相结合，推动县域城镇化的发展，选择具备条件的县（市）往中心城市方向发展。这一改革趋势在党的十八大后得到了进一步加强。现在我国城镇化发展已经站到新的起点上，《国家新型城镇化规划（2014—2020 年）》的颁布，把加快发展中小城市作为优化城镇规模结构的主攻方向，县域的城镇化将面临一次大的机遇。

省直管县改革是行政体制改革的重要内容，对于优化行政层级、调整行政资源、提高行政效率具有重要意义。党的十八大、十八届三中全会，明确提出推进省直管县改革问题。从十几年来较大范围省直管县改革的经验来看，改革有利于县域城镇化的发展，特别是县城的发展，有利于具备条件的县（市）快速向中心城市发展。

党的十九大强调以城市群为主体构建大中小城市和小城镇协调发展的城镇格局，目的就是要进一步强化城市群在我国城镇化战略格局中的主体地位，通过城市群的科学规划、合理布局，更好发挥城市群内部不同城市和小城镇相对密集分布、规模经济和范围经济显著、分工协作关系紧密的优势，形成大中小城市和小城镇协调发展的城镇格局。省直管县政策必将呈现一些新的特点。

一、城镇化和省直管县的结合

近十几年来，一些省区在适度调整行政区划、实行省直管县改革方面进行了探索，对促进城镇化发展发挥了积极作用。城镇化发展和省直管县改革的有效结合，是优化城镇体系，推进新型城镇化的一个重要手段。

（一）省直管县改革是新型城镇化发展的需要

当前，我国经济社会发展进入到发展方式加快转型和城乡关系深刻变革的新阶段，城镇化发展面临的基础条件和背景正在发生深刻变化。

第一，转方式调结构影响到城镇化的发展，省直管县改革能够相应对冲这种影响。城镇化是经济社会发展的结果，它的发展是靠经济社会发展来支撑和推动的。当前，我国经济正处在由高速增长转向中高速增长的“换档期”，经济结构性矛盾成为必须解决的问题。例如随着国际市场扩张放慢和我国经济增速放缓，产能过剩矛盾突出。尽管产能过剩是市场经济常有的现象，西方发达国家也频繁出现，有时候甚至更严重，但我国现在的产能过剩，尤其是低端产能过剩，已经严重制约了我国的经济结构转型，严重制约着经济的发展。与之相对应的是，过度依赖传统的投资驱动经济增长的城镇化发展模式也面临转型。相当一部分城市建设规模和速度超出财力，城市政府债务负担过重，财政和金融风险不断积累。经济结构调整和城镇化发展中存在的问题，必然对市场和政府形成双重压力，对我国未来一个时期的城市经济、城市投资将会产生比较大的影响。

从各地改革来看，省直管县改革对推动县域经济社会的发展，特别是县城的发展发挥了很好的作用。当前，县域经济开始进入县城经济引领时期，这对推进新型城镇发展是有利的。[①]一是发挥县城承上启下的功能。所谓“承上”，是指县城连接大城市、大市场，有部分县城是城市群的有机构成部分，成为大城市体系的一部分。所谓“启下”，是指县城作为县域经济的龙头，通过城乡一体化的发展，把基础设施向乡村延伸、公共服务向乡村覆盖，逐步形成以城带乡、城乡互动、一体化发展的新格局，从而引领县域城镇化的发展。二是我国工业产能正在向县城汇聚。一方面，在国家的有效调控和市场作用的支配下，大城市工业产能

① 参见庞立平：《为什么说做大做强县域经济首先必须做大做强县城经济》，《河北日报》2013 年 5 月 29 日。

下移已成趋势。大城市受到产业升级和节能减排以及成本上升等因素的制约，需要将一些工业产能向外转移，转出的产能大多分流到县城。另一方面，乡镇企业由于规划的引导，工业产能大部分上移，进入到县城的工业园区。这两方面的工业产能汇聚到县城，大大提升了县城的经济总量和产业布局，有利于县城城镇化的发展。产业结构调整和传统城镇化对大城市发展的影响，在县域得到对冲。

第二，传统人口红利减弱影响到城镇化发展，省直管县释放改革红利推动城镇化发展。随着城乡关系“刘易斯拐点”逐步到来，农村劳动力向城镇转移显现放缓迹象。近几年，招工难已经出现。2012 年首次出现 15—59 岁劳动年龄人口负增长，劳动人口绝对数当年减少 345 万。其实，从 2010 年进行的第六次人口普查看，这个年龄段人口的下降从 2011 年就开始了，预计在 2010—2020 年期间将累计减少 2934 万人。我们可以将此看作是中国劳动力供给的下降。与此同时，经济增长将继续保持对劳动力的强劲需求。[①] 这表明我国的人口红利将下降，城镇化发展将正式进入城乡统筹与城乡发展一体化的阶段。这一时期，劳动力成本上升将成为城镇经济发展的常态，随着城镇生活成本的上升和农村要素收入、社会保障能力的提高，农村人口向城镇流动与转移的动力将不断弱化，城镇化发展的微观动力机制开始发生深刻转变。

人口红利减弱，城镇化发展要向制度要红利、向改革要红利，于是省直管县改革就具有了十分重要的政策含义。城镇化有多种模式，就近就地城镇化是未来发展主要模式之一。按照这种模式，农民转移到中小城市，重点是县城。这种模式是社会代价最小、最有利于提升民众幸福感的城镇化，在产业和人口双转移的背景下优势明显。这既突出了城镇建设的规模化、集约化效益，也可以在一定程度上提升经济规模，有效促进人口的聚集。从农村转移人口的角度看，到县城工作符合中国老百姓认同乡土文化的特点，也为他们接受公共服务提供了便利。清华大学 2013 年以“如果回乡就业最希望到哪里？”为题，对外出打工者做了一次问卷调查。调查结果显示：选择镇的占 14.3%，选择县城的占 31.7%，选择地级市的占 21.7%，选择省会城市的占 14.9%，选择回村的占 17.4%。[②] 我们的调查也显示，本地农民选择城镇化，大

① 参见蔡昉：《破解中国经济发展之谜》，中国社会科学出版社 2014 年版，第 138—139 页。

② 参见李强：《主动城镇化与被动城镇化》，《西北师大学报》2013 年第 6 期。

多数还是选择了县城。2014年农村工作会议提出，到2020年让1亿左右有能力、有意愿的农民工及其家属在城镇落户，落户的重点主要在县城。省直管县改革能够在政策上给予支持，特别是在县域公共服务和基础设施建设方面。省直管县改革是县域城镇化，特别是县城发展重要支点，这一点将在未来得到充分体现。

（二）省直管县能够有效改正传统城镇化发展模式

改革开放以来，我国城镇化进程明显加快，取得显著进展。同时，我们也要看到，我国城镇化在快速发展中也积累了不少突出的矛盾和问题，需要多方面改革促进城镇化健康发展，省直管县改革能够对传统城镇化发展模式进行修正。

第一，农民工在大城市没有享受到同城市居民完全平等的公共服务，省直管县改革能够有效缓解这一问题。我国现在城镇化率超过了50%，但按户籍人口计算的城镇化率只有35%左右，大量进城务工人员还没有享受到城市的基本公共服务，还不是真正的市民。解决好农村转移人口的公共服务问题是推进新型城镇化的关键。从2014年上半年出台的《国家新型城镇化规划（2014—2020年）》来看，主要任务是解决已经在城镇就业的农业转移人口的落户问题，而这一问题的解决主要依靠中小城市。党的十八届三中全会要求，全面放开建制镇和小城市落户限制，有序放开中等城市落户限制，合理确定大城市落户条件，严格控制特大城市人口规模。农村转移人口向大城市、特大城市的转移空间已不大，主要的潜力在中小城市，重点在县城。通过省直管县改革，可以提高县城的人口承载能力，提高转移人口的基本公共服务水平，可以解决农民工子女教育、医疗卫生、社会保障方面的要求，让他们稳定下来，变成真正的居民。对那些已经在县城就业不愿落户的人口，也要逐步提高基本公共服务水平，使他们在经济周期扩张、对简单劳动需求扩大时可以在城市就业，在经济周期收缩、城镇对劳动力需求减少时可以有序回流农村。

第二，城市体系中缺少中小城市，省直管县能够促进中小城市发展。回顾我国城镇化发展历程，我们可以看到，以大城市战略、土地扩张为特征的城镇化发展模式，使人口单向、大规模向特大城市涌流，超出了城市基础设施、生态环境、就业吸纳的承载力。在城镇化的发展目标上，存在着追求扩大城市规模、追求不切实际的高增长、不注重改善人的生活质量、不注重提升生态环境质量等问题。“大城市病”主要是由于城市体系不合理、中小城市过少、城市功能不健全造成的。为此，通过省直管县改革，加大县城、重点乡镇的建设，使一批中小城市得到发展，以此来缓解城市发展体系存在的问题，是当前需要加强的工作。要按照《国家新型城镇化规划（2014—2020年）》要求，根据资源、环境承载能力构建科学合理的城镇化布局，把城市群作为主体形态，促进大中小城市和小城镇合理分工、功能互补、协同发展。在城市的发展方向上，走新型城镇化道路。大中小城市和小城镇协调发展是新型城镇化发展的一个原则。省直管县改革有利于推进县域城镇化发展，要适应城镇化的发展特点，让具备条件的地方加快改革。在加快城市群发展的同时，当前要把发展中小城市，特别是发展县城作为战略重点。不能片面借鉴国外重点发展特大城市的经验，要从中国城镇化的实际情况出发。发展中小城市，不仅是解决城乡协调发展问题，也是最终解决城镇化成本过高问题的关键，只有小城市、小城镇发展得好，大城市才能提高发展质量。

二、省直管县改革推动县域城镇化的发展

党的十八大前后，吉林、河南、四川、山东、河北、陕西、山西、江西、辽宁等省区又一次出台省直管县改革政策，这些改革大多与推进城镇化发展相结合，重点推进县域城镇化发展，推进具备条件的县（市）向中心城市发展。

（一）吉林省省直管县改革意在打造中心城市

2013年底，吉林省政府对外宣布，省里决定将公主岭、梅河口两个县级市作为省直管县改革试点地区。根据《吉林省深化扩权强县改革试点实施方案》，省里赋予公主岭市和梅河口市地级市政府的经济社会管理权限；试点市党委、政府直接向省委、省政府报告工作；试点市人大、政协和法院、检察院体制暂

时不变；试点市党委和政府各部门依照法律、法规，接受省委、省政府对应部门的业务指导或者领导；试点市党政正职领导干部仍由省委管理，其他正副县级领导干部由省委组织部代省委管理；试点市的统计数据直接向省对口部门上报，并计入所在地级市总量；试点市政府经济社会发展目标考核由省里组织进行。

从2005年起，吉林省已先后三次向县（市）下放经济社会管理权限，为县（市）经济社会发展提供了良好环境。这次吉林省进行省直管县改革试点所选择的公主岭市和梅河口市，曾经是地级市，基础条件好，经济总量比较大，代表性比较强。吉林省的改革试点，表现出以体制的突破带动城镇化发展的特点。试点分为两个阶段：第一阶段截止时间为“十二五”规划末，要求两个试点市经济总量、财政收入、城乡居民收入有大幅度提高；第二阶段截止时间为“十三五”规划末，要求把试点市建设成为具有较强活力的中等城市。自20世纪80年代以来，吉林省实行市管县体制，意在发挥中心城市对县域经济的辐射带动作用。但经过30多年的发展，至今能够发挥中心城市带动作用的城市只有长春市，其他地级市的带动作用十分微小或者基本没有。吉林省有40个县（市），除去延边州8个县（市），可实施省直管的县只有32个，从行政区划来看，具备省直管县改革的基本条件。县域人口占全省人口的70%，其中14个县的人口在50万以上，县域幅员占全省幅员的90%。县域经济的发展决定着全省的经济发展程度。因此，加快县域经济发展，培育县域中心城市，以省直管县为突破口就成了必然的选择。

（二）陕西省省直管县改革意在打造省内计划单列市

2012年5月，陕西省对外发布，在韩城市（原为县级市）试点设立省内计划单列市，实行副市级建制。这项决定，标志着陕西省把省直管县改革与城镇化发展结合起来推进，标志着陕西省直管县的升级。已发布的文件明确指出，将韩城设为省内计划单列市有利于进一步增强韩城市发展动力，激发创新活力，打造区域中心城市和加快陕西东大门建设步伐，有利于推进省直管县。

在我国，计划单列市这一概念由来已久，与省直管县改革结合到一起，就有了简政放权的政策含义。目前，我国原有的计划单列市都发展成为中国有影响力的大城市或特大城市，这说明计划单列体制具有巨大的经济政策效能。陕西省中等城市偏少且分布不均，关中城市群的巨大能量汇聚已使关中地区经济实现跨越式发展，城镇化发展快速推进。然而其他城市之间辐射作用都难以成片，陕西省需要发展更多的中等城市支撑全省的经济发展，带动城镇化的发展。

韩城之所以被选中实行省内计划单列，与其独特区位优势、资源优势是分不开的。韩城地处陕西黄河沿岸主要结点，区位优势明显，资源富集，拥有大量煤炭等矿产资源。陕西省的目的就是把韩城打造成黄河沿岸区域性中心城市、新型工业城市和国家级循环经济示范基地，使之在推动陕西东大门建设和全省发展中发挥更大作用。

（三）河南省省直管县改革意在打造重要结点城市

2010 年，在中央编制委员会办公室安排下，河南省启动省直管县体制改革试点。省委、省政府在选择试点县（市）时有明确的标准，即离中心城市较远，处于若干行政区域的结合部，而且人口较多，产业基础较好，经济实力较强，具有发展成为中等城市或区域性中心城市的条件，搞好了就可以形成一批新的区域增长极。巩义市是河南省 10 个试点县市之一。

省直管县改革试点以来，巩义市进一步明晰了“一个目标”（加快建设郑州西部区域性中心城市）、“两条路子”（高端化、终端化、高效益的产业转型升级路子和符合巩义实际、城乡一体、具有广泛示范意义的新型城镇化路子）、“三大任务”（产业转型升级、新型城镇化建设、大交通体系构建）的发展思路。根据山地丘陵地区的实际，确定了一个中心城市、两个城镇组团的空间新格局，积极推动以人为核心的全域城镇化。巩义市加快建设郑州西部区域性中心城市的改革构想已上升为河南战略。

从 2014 年 1 月 1 日起，河南省对巩义市等 10 个省直管县试点县（市）实行全面直管，调整党委、人大、政协、法院、检察院和群团体制。现在看来，巩义市进行省直管县改革已经取得初步成效，城市建设得到快速发展，中心城市初具规模。

（四）四川省省直管县改革意在推进人口大县城镇化发展

2013年11月，四川省出台《关于支持百万人口大县改革发展的政策措施》，选择部分条件成熟的人口大县开展省直管县改革试点。四川省目前183个县（市、区）中，百万人口大县有20个，人口超过全省总人口的1/4，经济总量占据全省的1/6，粮食产量超过全省的1/3。对这些人口大县进行省直管县改革试点意义重大。

主要改革办法：一是赋予人口大县地市级经济社会管理权限。在省直管县改革方面，四川省下放地市级经济管理权限和社会事业管理权限，支持人口大县开展扩权强镇改革试点，将建设管理、市场监管、公共服务、民生事业等部分县级管理权限下放试点镇。二是试点大县按中等城市进行规划。在城镇规划和建设方面，百万人口大县的县城将按照中等城市规划，加快推进城市新区建设和旧城改造，加强重点镇建设，支持人口大县规划建设县域副中心。三是推进园区建设。在产业发展方面，百万人口大县将优先布局重大产业项目，具备条件的产业园区将升级为省级开发区。四是支持人口大县金融发展。在财政金融方面，四川省将适当提高人口大县基本公共服务支持转移支付补助力度，减轻政策性新增支出负担压力；优先支持人口大县中条件成熟的农村信用社联合社改制成为农村商业银行。

（五）河北省省直管县改革意在促进县城的发展

河北省有22个县级市、113个县，县（市）数量高居全国第二。县多城小，是河北省的现状，有近60%的县城人口不足10万人。众多小县给省直管县改革出了一个大难题。

2013年，河北省大力实施“小县大县城”战略，发布了《关于全面推进县城建设的意见》等7个文件，出台一揽子措施促进县城扩容提质。根据该意见，河北省要在3至5年内，将28个县（市）规划成中心城市的卫星城（区），促进35个县（市）加快向中等城市迈进，支持其他70个县城发展成为宜居宜业的小城市，把两个省直管县市规划建设成为区域中心城市。另有一项重点工作是保护生态和人文环境。2013年河北省新增绿地面积2530公顷，出台了历史文化名城名镇名村保护办法，对5个国家级历史文化名城，6个省级历史文化名城等进行保护。

中共河北省委八届五次全会把县域经济和搞大搞强县城作为四大攻坚战略之一进行部署，并指出，做大做强县域经济首先必须做大做强县城经济。县城是县域的政治、经济、文化、教育中心，是带动县域经济社会发展的龙头，对全县发展起着综合引领作用。在省直管县改革的大背景下，县城建设是推动新型城镇化的重要突破口。在县城推进城镇化，成本低，速度快，效果好；加快县城建设，有利于吸纳更多农民进城。

从发展趋势看，我国经济已经进入城市经济引领发展的时期。一是工业化程度不断加深，一些地方经济甚至已经具有后工业化的特征，对城镇的依赖度越来越高。二是我国城镇化率突破50%，说明有一半以上的人口工作生活在城市。三是第三产业比重超过第二产业。第三产业占优势正是城市经济的重要特征。与此相对应，县域经济也开始进入县城经济引领期。

三、中西部地区经济强县设市

党中央、国务院高度重视区域平衡发展，中西部地区城镇化在国家现代化发展中占有重要地位。中央城镇化工作会议明确提出，要优化城镇化布局和形态，推动区域协调发展。随后召开的中央农村工作会议提出，到2020年要解决约1亿人口在中西部地区的城镇化问题。这两个会议对中西部地区城镇化发展进行了具体部署。由于我国城镇化发展呈东高西低格局，未来东中西部城镇化发展速度将呈现出差异，东部地区发展速度会相应放慢，主要任务在于提高城镇化质量，中西部地区城镇化发展将提速，撤县设市是经济强县加速城镇化发展的有效手段。

（一）中西部地区经济强县的界定

1. 经济强县评价方法

根据我们多年对县域经济发展的研究，中西部地区经济强县评价指标体系分总量、均量、速度和发展评价 4 个方面 12 个指标。前 8 个指标是评价经济强县的计量指标，后 4 个指标是评价经济强县的评议指标。

表4–1　中西部地区经济强县评价体系

总量	常住人口		1
	城镇化率		2
	地区生产总值		3
	地方财政一般预算收入		4
均量	经济均量	人均地区生产总值	5
		人均地方财政一般预算收入	6
	居民收入	农民人均纯收入	7
		城镇居民人均可支配收入	8
速度	经济增长速度	地区生产总值增长速度	9
		地方财政一般预算速度	10
发展评价	县域公共基础设施	公路里程、城镇基础设施、教师数量等	11
	科学发展	城乡人均收入比、单位国内生产总值能耗、环境发展投入等	12

我们尝试用层次分析法评价经济强县。层次分析法是一种定性与定量分析相结合的多目标决策分析方法。该方法的优点是定性与定量相结合，具有高度的逻辑性、系统性、简洁性和实用性。层次分析法运用分析和判断的综合能力，解决那些结构性较为复杂、决策准则较多，且不易量化的问题，这种方法将定性和定量的分析相结合，把复杂问题逐层分解为各个组成因素，形成层次结构模型，将难于直接做出判断的问题转化为对各层因素的两两对比判断的问题。目前，层次分析法已经广泛用于解决社会、经济以及科学管理领域中的复

杂问题。

我们选取了对县域经济社会发展影响较大的8个重要指标建立经济强县评价模型，对县域经济社会影响力加以量化、排位。这8个主要指标是：地区生产总值；地方财政一般预算收入；城镇化率；常住人口；人均地区生产总值；人均地方财政一般预算收入；农民人均纯收入；城镇居民人均可支配收入。指标选取的原则是：所选指标必须有县际横向的可比性，能提供数量化比较排序，对县域经济发展有重大影响；具有科学性、客观性、代表性、不可替代性。

这里我们选取安徽省2005年全部建制县上述8个方面的县域经济社会发展数据进行技术处理，构造判断矩阵，得出安徽省经济强县前20名的排序是：

第一名当涂县，第二名宁国县，第三名无为县，第四名广德县，第五名芜湖县，第六名凤台县，第七名肥西县，第八名肥东县，第九名天长市，第十名繁昌县，第十一名长丰县，第十二名南陵县，第十三名铜陵县，第十四名霍山县，第十五名怀宁县，第十六名枞阳县，第十七名郎溪县，第十八名颍上县，第十九名青阳县，第二十名凤阳县。

排序结果与2006年安徽省政府公布的经济强县排名大体一致，差别只是有的名次或前移，或后移，但都在前20名之中。排名前20名的县总人口为1384万人，占安徽省总人口的21%，占61个县总人口的30%；这20个县的地区生产总值为971亿元，占61个县总产值的39%；这20个县的地方财政收入为44亿元，占61个县地方财政收入的53%。我们研究发现，较高的人均国内生产总值（GDP）和人均财政收入是经济强县的主要指标和显著标志。安徽省1/3左右的县可以划为经济强县。

2. 中西部地区经济强县

按照上面确定的经济强县评价方法，我们对西部地区12省市区和中部地区6省的省域经济强县进行了评估。

西部地区有205个经济强县，其中甘肃省有20个，广西壮族自治区有25个，贵州省有16个，内蒙古自治区有25个，宁夏回族自治区有7个，青海省有9个，陕西省有20个，四川省有29个，西藏自治区有6个，新疆维吾尔自治区有 21 个，云南省有 18 个，重庆市有 9 个。

中部地区有 131 个经济强县，其中安徽省有 21 个，河南省有 29 个，湖北省有 17 个，湖南省有 23 个，江西省有 20 个，山西省有 21 个。

在西部地区、中部地区省域经济强县的基础上，通过对县域经济指标进行加权，进一步评选出西部地区经济强县、中部地区经济强县。其中县域地区生产总值加权 20%，县域地方财政一般预算收入加权 20%，人均地区生产总值加权 20%，人均地方财政预算收入加权 20%，农民人均纯收入加权 10%，城镇居民人均可支配收入加权 10%，再加 4 个评议性指标，评出西部地区经济强县、中部地区经济强县。

西部地区 2010 年经济强县平均规模：人口 51.69 万人，地区生产总值 156.39 亿元，地方财政一般预算收入 10.20 亿元，人均地区生产总值 49410 元，城镇居民人均可支配收入约 16670 元，农民人均纯收入 6720 元。

表4–2　西部地区经济强县规模比值

	经济强县平均规模	县域平均规模	比值	经济强县判断标准
人口规模（万人）	51.69	29.42	1.8：1	县域平均规模2倍以上
地区生产总值（亿元）	156.39	50.88	3.1：1	县域平均规模3倍以上
地方财政一般预算收入（亿元）	10.20	2.77	3.7：1	县域平均规模4倍以上
人均地区生产总值（元）	49410	17294	2.9：1	县域平均规模3倍以上
人均地方财政一般预算收入（元）	1973	942	2.1：1	县域平均规模2倍以上

注：以 2010 年西部地区县域经济基础数据计算比值。

中部地区 2010 年经济强县平均规模：人口 71.75 万人，地区生产总值 200.26 亿元，地方财政一般预算收入 9.27 亿元，人均地区生产总值 31840 元，城镇居民人均可支配收入 15370 元，农民人均纯收入 7120 元。

表4–3　中部地区经济强县规模比值

	经济强县平均规模	县域平均规模	比值	经济强县判断标准
人口规模（万人）	71.75	53.18	1.35：1	县域平均规模2倍以上
地区生产总值（亿元）	200.26	94.70	2.1：1	县域平均规模2倍以上
地方财政一般预算收入（亿元）	9.27	4.24	2.2：1	县域平均规模2倍以上
人均地区生产总值（元）	27910	17807	1.6：1	县域平均规模2倍以上
人均地方财政一般预算收入（元）	1291	797	1.6：1	县域平均规模2倍以上

注：以2010年中部地区县域经济基础数据计算比值。

经济强县的判定指标，除了地区生产总值在本地区相对较大、对本省经济贡献突出外，还要包括人均生产总值、人均财政支出、城乡居民收入等。这是因为总量指标固然重要，但往往会掩盖县域经济质量、结构、效益方面的问题，也难以反映出人民的富裕程度和区域整体协调发展状态。因此，对县域经济发展水平的判定，不仅要看总量指标，而且要看其人均指标，如果人口基数计算得比较科学，人均指标是能反映县域经济发展真实水平的。对于中西部地区经济强县的判定，主要有两个指标：一是人均地区生产总值；二是人均地方财政预算收入。

（二）中西部地区城市体系布局

1. 西部地区城市体系及存在的问题

西部地区包括重庆、四川、贵州、云南、西藏、陕西、甘肃、青海、宁夏、新疆、内蒙古、广西等12个省市区。面积占全国土地面积的72%，人口仅占27%，除了关中和成渝地区人口相对集中外，其他地区人口居住高度分散。

2012年底，西部地区共有地级市86个、县级市84个、县783个，建制镇7375个。2011年西部地区城镇化率为42.99%，低于全国8.3个百分点，低于东部地区18.0个百分点，地区面积占全国比重21.79%，城镇人口占全国比重22.46%。

表4-4　西部地区12省市区城市发展状况（2012年底）

项目 省区	地级市（个）	县级市（个）	县（个）	县与县级市比例	镇（个）	总人口（万人）	城镇人口（万人）	城镇化率（%）
重庆			19		604	3330	1606	55.02
四川	18	14	122	9：1	1831	9058	3367	41.83
贵州	6	7	67	10：1	729	4238	1213	34.97
云南	8	11	105	10：1	659	4562	1704	36.80
西藏	1	1	72	72：1	140	302	69	22.77
陕西	10	3	80	27：1	1136	3909	1770	47.29
甘肃	12	4	65	16：1	470	2729	953	37.17
青海	1	2	37	19：1	138	558	263	46.30
宁夏	5	2	11	6：1	101	652	318	49.77
新疆	2	22	68	3：1	362	2203	962	43.55
内蒙古	9	11	69	6：1	490	2466	1405	56.61
广西	14	7	68	10：1	715	5369	1942	41.81
西部	86	84	783	9：1	7375	39376	15572	42.99
东部	99	157	363	2：1	6512	46028	28082	61.01
全国	285	368	1622	4：1	19881	135581	69079	51.27

注：城镇人口、城镇化率为2011年底数据。

从第六次全国人口普查数据来看，2000—2011年西部城镇人口占总人口的比重在逐年提高。内蒙古自治区的城镇人口占总人口的比重最大，其次分别为重庆市、宁夏回族自治区、陕西省、青海省，贵州省城镇人口占总人口的比重最小。内蒙古自治区城镇化水平高于西部其他省份，和国家退牧还草政策的大力推行有直接关系，因此，其城镇化水平相较于西部其他省份较高。重庆作为直辖市，受自身区域发展战略的影响，其经济发展一直处于有利地位。

西部地区城市体系有这样几个特点：一是西部地区大城市数量相对适中。2011年，人口400万以上的超大城市，西部有3个，与中部地区持平，东部地区有8个，是西部的2.7倍；人口200万至400万的特大城市，西部有5个，中部有7个，东部有19个；人口100万至200万的大城市，西部有26个，中部有27个，东部有29个；人口50万至100万的城市，西部有27个，中部有47个，东部有34个。二是中小城市数量过少。从大城市的数量比重来看，西部地区大城市数量与中部地区相比还算适中，但从中小城市的数量来看则过少。2012年，西部地区有县级市84个，建制县783个，县级市与建制县的比例为1:9，东部地区为1:2，全国的比例为1:4。在东部，中小城市是经济最为活跃的地区，但西部地区中小城市发展滞后，已影响到西部地区城镇化的全面推进。三是城镇人口集聚度低。西部城镇空间分布较为分散，人口集聚度低。除了西南成渝地区、陕西省关中地区、新疆维吾尔自治区的天山北坡地区城镇聚落分布相对集中以外，2009年设市城市166个，城市密度为每万公顷0.24个，低于全国的每万公顷0.68个，更低于东部地区的每万公顷2.53个的水平。西部省会城市平均人口规模，低于东部与全国的平均水平；地级市平均人口规模为325.8万人，低于东部的482.5万人和全国的408.2万人。城市人口集聚度低，城镇规模效应不高，尤其是县城和建制镇的人口规模都偏少，不利于规模经济。

表4-5　2011年全国各地区城市发展状况

地区	全部地级及以上城市按城市市辖区年末总人口分组						地区面积占全国比重（%）	地区人口占全国比重（%）	城镇化率（%）
	400万以上（个）	200万至400万（个）	100万至200万（个）	50万至100万（个）	20万至50万（个）	20万以上（个）			
东部	8	19	29	34	11	0	58.55	48.81	61.01
中部	3	7	27	47	15	1	19.66	28.73	46.99
西部	3	5	26	27	23	3	21.79	22.46	42.99
全国	14	31	82	108	49	4	100.00	100.00	51.27

西部地区西高东低的地理空间、计划主导的产业分布和城市发展的历史因素导致西部城市体系呈现典型的东重西轻格局。如果将西部地区靠近胡焕庸线的四川、重庆、陕西、贵州、云南、广西等六省市区划分为东部区域，将远离胡焕庸线的宁夏、甘肃、青海、新疆、西藏、内蒙古等六省区划分为西部区

域，那么西部地区的城市尤其是大城市主要布局在东部区域，西部区域的城市，尤其是人口超过 100 万的城市很少，城市结构表现出明显的东重西轻。

西部很多省市内部城市规模等级结构存在断层：四川省、陕西省缺乏 200 万—500 万人口的特大城市，云南省、贵州省、新疆维吾尔自治区缺乏 100 万—200 万人口的大城市，青海省缺乏 100 万人口以下的城市。城市规模等级体系不完整导致城市之间各种生产要素不能顺畅流动，上一级城市的产业不能合理向下一级城市转移，下一级城市的产业也因缺乏带动力量而升级缓慢，导致大城市规模越来越大而中小城市发展不足，城市的先进生产力无法向乡村辐射，乡村的农业剩余也无法向城市流动，城市和乡村各自形成封闭系统，城乡二元结构日益加剧。

优化城镇化布局和形态，是我国城镇化发展的主要任务。我国已经形成京津冀、长三角、珠三角三大城市群，同时要在中西部和东北有条件的地区，依靠市场力量和国家规划引导，逐步发展若干城市群，形成推动中西部和东北地区发展的重要增长极，推动国土空间均衡开发。这是中央城镇化工作会议的重要决定，为此，西部地区未来城镇体系布局的思路可以从以下几个方面入手：一是以城市群带动中小城市发展。目前，西部城市群已上升为国家战略。在西部重点打造成渝城市群、广西北部湾以及关中一天水三大城市群，使之成为拉动整个西部的三大增长极。城市群是城镇体系的极点，在带动西部各省城镇发展中居于核心地位，但因西部地区地域面积过大，仅靠一个中心城市群，辐射带动作用极为有限，因此应重点提升若干区域中心城市的竞争力，以中心城市为核心带动周边小城市及县城的发展，形成次级城镇群落，最终带动区域的发展。二是有重点地把一些县城发展成中小城市。西部地区城市发展滞后，城镇体系结构不合理，特别是中小城市少、城市等级不合理的矛盾十分突出，因此很有必要对中小城市进行补位。县城是西部地区中小城市发展最优质的资源。西部的县城经过第一次城镇化已经有较好的产业和基础设施条件，依托县城发展城镇化可以突破城市建设、安排就业所需的资金限制，以及城镇化所需的交通和通讯条件限制，而且县城与周边农村地区联系更为紧密，既可以解决农业劳动力进城的适应性问题，又可以减轻农民工大规模异地流动所带来的社会代价。将具备条件的县撤县设市，把县城建设成有吸引力的中小城市，既有利于避免过分分散的城镇化造成的土地浪费，也能避免过度发展大城市造成的“城市病”。三是西部地区要有重点地发展小城镇，而不是重点发展小城镇。西部地区小城镇数量众多，而整体经济发展滞后，撒胡椒面式的投入效果甚微。因此有必要将有限的资源投入到中小城市建设之中，在战略上积极发展区域中心城市和县级市，有重点地发展重点镇。

2. 中部地区城市体系及存在的问题

中部地区包括山西、河南、安徽、江西、湖北、湖南6省，总面积为102.8万平方公里，占国土面积的10.7%。

表4-6　中部地区6省城市发展状况（2012年底）

项目 省	地级市（个）	县级市（个）	县（个）	县与县级市比例	镇（个）	总人口（万人）	城镇人口（万人）	城镇化率（%）
河南	17	21	88	4∶1	1014	10922	3809	40.6
山西	11	11	85	8∶1	564	3500	1785	49.7
湖南	13	16	71	4∶1	1131	7135	2975	45.1
湖北	12	24	40	2∶1	746	6164	2984	51.8
安徽	16	6	56	9∶1	923	6887	2674	44.8
江西	11	11	70	6∶1	802	4753	2051	45.7
中部	80	89	410	5∶1	5180	39361	16278	46.99
东部	99	157	363	2∶1	6512	46028	28082	61.01
全国	285	368	1624	4∶1	19881	135581	69079	51.27

注：城镇人口、城镇化率为2011年底数据。

2012年，中部地区有地级市80个、县级市89个、县410个、建制镇5180个。从大城市数量比重来看，中部地区明显偏少。地级市人口400万以上的城市中部地区3个，东部地区8个；人口在200万—400万之间的城市中部地区7个，东部地区19个；人口在100万—200万之间的城市中部地区27个，东部地区29个；人口在50万—100万之间的城市中部地区47个，东部地区34个，比东部地区多13个；人口在20万—50万之间的城市中部地区15个，东部地区 11 个，比东部地区多 4 个。中部地区面积占全国比重 19.66%，东部地区占 58.55%，东部地区比中部地区高出 38.89 个百分点；中部地区人口占全国比重 28.73%，东部地区占 48.81%，东部地区比中部地区高出 20.08 个百分点。2012 年，中部地区有县级市 89 个，建制县 410 个，县级市与建制县的比例为 1:5，东部地区为 1:2，全国为 1:4。可见，中部地区该项比值低于全国水平，更低于东部水平。

多数研究者认为，城镇化总体水平低、城镇化发展不平衡、城镇体系不合理，特别是中小城市发展缓慢，是中部地区城市体系存在的问题。主要表现为两方面：一是城镇化总体水平低，中小城市发展滞后。2011 年，中部地区城镇化水平为 46.3%，分别比东部地区、东北地区低 18.9 个和 11.7 个百分点，落后全国平均水平 5 个百分点。同时，在中部 6 省中城镇化水平有高有低，6 省中湖北省城镇化水平最高，达到 51.8%，高于全国平均水平 0.5 个百分点，其余 5 省全部低于全国平均水平，其中河南省城镇化水平最低，仅为 40.6%，低于全国 10.7 个百分点。中部地区城镇化总体水平低，是由两个原因造成的。一个原因是超大城市、特大城市数量偏少，大城市经济规模偏小，辐射带动能力较弱；另一个原因是中小城市和小城镇发展相对滞后，特别是县级市偏少，影响到广大地区城镇化的发展。二是城镇化发展不平衡，城市设置差距明显。中部地区城镇化水平较高的地区，大多集中在地势平坦、资源丰富的地区，如河南豫北地区的焦作、新乡、安阳城市数量和水平明显高于黄淮地区的商丘、信阳、周口、驻马店。从交通来看，中部地区城市大多集中在具有优越区位交通条件的地区，如京广铁路沿线、长江沿线地区等。

中部地区城市结构湖北省最有特点。在湖北，武汉城市大、地位突出。现在武汉非农人口数是湖北省除武汉外 11 个地级市市辖区非农人口之和，GDP 是 11 个市市辖区之和的 1 倍多，财政收入是 1.5 倍多。另外，有一个一城独大的现象，即几乎所有县城都是县域内做大的城镇。未来湖北省城镇化发展的突破口在县城，也就是说，要解决好县级市的发展问题。我们估计，如果把湖北 60 多个县中具备条件的县撤县设市，对城镇化的贡献率将在 15 个百分点以上，县级市就会成为承载湖北全省人口聚集的重要单元。

布局合理、功能完善的城镇体系是实现人口由农村向城市有序转移的空间支撑。城镇体系内部等级规模结构、空间结构和职能结构是否合理和优化，直接影响着农村人口能否实现有序转移，影响着城镇化的水平和质量高低。中部地区加速推进新型城镇化，必须发挥城市群的辐射带动作用，着力构建和完善空间布局合理、功能分工明确、等级规模有序、基础设施完善、大中小城市与小城镇协调发展的现代城镇体系。

优化中部地区城市布局，是推进中部地区城镇化发展的新动力。近年来，随着城镇化进程的加快推进，中部地区一些城市尤其是大城市出现了交通拥堵、环境污染、就业困难等“城市病”。造成这种现象的原因在于城镇体系不合理，人口大量涌向大城市，而中小城市和小城镇发育不足。解决这些问题的根本在于优化城镇布局，构建合理的大中小城市和小城镇有机结合的城镇体系，重构城乡空间布局。一方面，优化大城市空间布局，进一步提升大城市承载力，缓解转移人口带来的社会问题；另一方面，着力培育发展中小城市和小城镇，缓解转移人口带来的社会问题。

按照中央城镇化工作会议的要求，在中西部有条件的地区，依靠市场力量和国家规划引导，逐步发展若干城市群，成为带动中西部地区发展的重要增长极。要按照统筹规划、合理布局、完善功能、以大带小的原则，遵循城市发展规律，以大城市为依托，以中小城市为重点，逐步形成辐射作用大的城市群。在人口分散、资源条件较差、不具备城市群发展条件的区域，要重点发展现有城市、县城及有条件的建制镇，使之成为本地区集聚经济、人口和提供公共服务的中心。

（三）对中西部地区经济强县设市标准的建议

1. 中西部地区经济强县小口径设市标准

根据前面的研究以及国家1993年设立县级市的标准，我们提出如下意见。

所谓“小口径设市标准”，就是以西部地区、中部地区为单元，整体平衡设市标准。严格设市条件，保障设市质量。小口径设市标准有这样几方面要求：一是经济强县中距离中心城市较远，中间有县（市）相隔，区位优势明显，具备发展成中心城市基础条件的县；二是经济强县中经济规模较大，地区生产总值一般为西部或中部县域平均规模 3 倍以上的县；三是经济强县中地方财政收入规模较大，一般为西部或中部县域平均 4 倍以上的县；四是经济强县中通过市制改革能够很快走出一条以城镇化带动工业化，并有效统筹城乡发展的路子的县。

（1）西部地区经济强县小口径设市标准：

——县人民政府驻地常住人口中从事非农产业的人口不低于 10 万人，县总人口中从事非农产业人口比重不低于 40%。

——全县国内生产总值不低于 150 亿元或人均国内生产总值不低于 4 万元，对第二产业和第三产业比重不作要求。

——地方财政一般预算收入不低于 10 亿元或人均地方财政不低于 2000 元，城镇固定资产投资不低于 100 亿元（含中央、省市转移支付）。

——具有良好的公共服务设施和可持续发展能力，县城医院床位、教师人数、自来水普及率、垃圾处理率、污水处理率等方面要达到本省中心城市平均水平。

——县域公共服务设施和社会服务设施比较完善，生态环境良好。

（2）中部地区经济强县小口径设市标准：

——县人民政府驻地常住人口中从事非农产业的人口不低于 12 万人，县总人口中从事非农产业人口比重不低于 50%。

——全县国内生产总值不低于 200 亿元或人均国内生产总值不低于 3 万元，对第二产业和第三产业比重不作要求。

——地方财政一般预算收入不低于 10 亿元或人均地方财政一般预算收入不低于 1500 元，城镇固定资产投资不低于 100 亿元（含中央、省市转移支付）。

——具有良好的公共服务设施和可持续发展能力，县城医院床位、教师人数、自来水普及率、垃圾处理率、污水处理率要达到本省中心城市平均水平。

——县域综合实力和可持续发展潜力较强，一般要求位于规划城市群体系之中，或缺少中小城市地区。

2. 中西部地区经济强县大口径设市标准

根据前面的研究及国家1993年设立县级市的标准，我们提出如下意见。

所谓“大口径设市标准”，就是以省区为单元平衡设市。我们认为，这样更有利于中西部地区城镇化的推进，更有利于区域平衡发展。该标准有这样几方面要求：一是经济强县中距离中心城市较远，中间有县（市）相隔，区位优势相对明显的县；二是经济强县中经济规模较大，一般为本省区县域平均规模2倍以上的县；三是经济强县中地方财政收入规模较大，一般为本省区县域平均规模3倍以上的县；四是县城人口比较多，一般为县域人口30%以上的县；五是经济强县中通过市制改革，能够有效集聚人口，提升城镇化水平的县。

（1）西部地区省域经济强县大口径设市标准：

——县人民政府驻地常住人口中从事非农产业人口不低于8万人，县总人口中从事非农产业人口比重不低于40%。

——县域城镇化率要高出本省区10个百分点以上。

——对地区生产总值、地方财政预算收入不作明确要求，由省区统一平衡把握。

——县域公共服务设施比较完善，可持续发展能力较强，生态环境良好。

（2）中部地区省域经济强县大口径设市标准：

——县人民政府驻地常住人口中从事非农产业的人口不低于12万人，县总人口中从事非农产业人口比重不低于50%。

——县域城镇化率要高出本省10个百分点以上。

——对地区生产总值、地方财政预算收入不作明确要求，由省统一平衡把握。

——县域公共服务设施比较完善，可持续发展能力较强，生态环境良好。

四、丝绸之路经济带促进中西部城镇化发展

“丝绸之路经济带”是2013年9月7日习近平同志在哈萨克斯坦纳扎尔巴耶夫大学演讲时提出的一个战略构想，近年已纳入国家发展战略布局。从新型

城镇化的视角看，这一战略构想有利于增强中西部地区对人口集聚的吸引力，为中西部城镇化发展提供了一个良好的历史机遇，将对实现“引导约1亿人在中西部地区就近城镇化”的战略目标产生重大而积极的影响。

（一）丝绸之路经济带对中西部城镇化发展的积极意义

我国目前倡导的丝绸之路经济带，是对古代陆上丝绸之路的继承和发展。古丝绸之路始于张骞出使西域，最初的目的是为了加强中原与西域的经济、政治、军事联系，共同抵御北方匈奴等游牧民族对中原和西域地区的侵扰和掠夺，其最重大的意义则是通过丝绸之路将中原至欧洲南部的广大地区连接起来，在人类历史上第一次建立了一条贯穿亚洲腹地直至欧洲的陆上通道，为东西方经济、文化沟通交流创造了条件。在奥斯曼帝国垄断东西方贸易、西方被迫开辟海上新航线以前，古丝绸之路一直是东西方沟通交流的主要通道，这一道路上传递的不仅有中国的丝绸、瓷器，西域的苜蓿、葡萄，欧洲的玻璃、雕塑，还有各地的音乐、舞蹈、宗教信仰，为当时不同种族、不同民族、不同国家之间的经济互通、政治文化交流对话创造了条件。

“丝绸之路经济带”有广义和狭义之分，广义上的丝绸之路经济带东面衔接充满发展活力的亚太经济区，西面联通发达进步的欧洲经济区，共涉及30多个国家，约30亿人口。可以说，如果这一经济带建设繁荣起来，将成为世界上覆盖最广、发展潜力最大的经济长廊。丝绸之路经济带建设不仅有古代陆上丝绸之路作为自己的历史文化源泉，还有东起连云港西至荷兰鹿特丹的第二欧亚大陆桥及沿途铁路、航空站点作为现实的基础设施保障条件，以及平等互信的上海合作组织作为经济带沟通协调机制的蓝本，更有中国、中亚、西亚等各国人民进行经贸、能源、科技等方面合作的强烈愿望和呼声作为强大动力，所有这些都为丝绸之路经济带的合作建设奠定了坚实的基础。

狭义上的丝绸之路经济带是指我国正在计划出台的丝绸之路经济带发展规划中所涉及的我国中西部地区，例如西北的陕西、甘肃、青海、宁夏、新疆等五省区和西南的重庆、四川、云南、广西等四省市区，另外河南、内蒙古等省区也积极参与其中。丝绸之路经济带将使广大中西部地区受益匪浅，并通过经济辐射作用对全国的经济社会发展产生积极影响。对我国中西部城镇化发展而言，丝绸之路经济带的积极作用主要体现在三个方面，即经济发展上的带动支撑作用、国家安全上的战略保障作用、科技人文上的交流互信作用。

（二）中西部城镇化建设需要牢牢把握五个关键问题

中西部地区是少数民族集聚区、生态环境涵养区，也是国土安全保障区。中西部城镇化发展，既要充分利用好丝绸之路经济带建设提供的宝贵历史机遇，也要立足于我国中西部地区的现实国情，将经济社会进步、人民安居乐业、生态环境保护、国土安全保障有机统一起来。在建设丝绸之路经济带、推动中西部城镇化健康发展的过程中，需要妥善处理好以下 5 个关键问题：

第一，严格划定城镇开发边界。与东部地区相比，中西部地区城镇化发展受到生态环境的严重束缚，中西部生态处于十分脆弱的“紧平衡”状态，如果借丝绸之路经济带建设之名，发展“摊大饼”式的粗放型城镇化，可能对生态环境造成无法弥补的损失，因此在城镇化发展过程中必须严格划定城镇开发边界，为自然和生态留出充足的生存空间。这就要做好三方面的工作：一是走内涵式城镇化发展道路，提高建设用地，特别是工业用地的利用效率，通过生产空间的高效利用为生活空间、生态空间留出更大余地；二是严守耕地红线和生态红线，为国家粮食安全和生态安全保驾护航，同时通过倒逼机制促进城镇建设用地集约化利用；三是提高城镇建设规划的科学性和权威性，对各种违反规划的行为严厉惩处，确保一张蓝图干到底。

第二，科学规划城镇布局和形态。以城市群作为主体形态、促进大中小城市和小城镇合理分工是推动我国城镇化发展的主要战略思路。从资源环境承载能力的角度看，城市群和大中型城市建设发展的重点应该放在东部地区，中西部地区则应该慎重发展；而从区域均衡发展、国土安全的角度看，中西部地区也应该适度发展部分城市群和大中型城市。在丝绸之路经济带建设过程中，应该对经济带沿线地区的城镇化发展进行统筹规划、整体布局，一方面以一部分发展水平较高、资源环境承载能力较强的城市为基础着力构建中西部城市群，另一方面也应该考虑丝绸之路经济带发展需要，重点发展一些具有贸易、交通优势的中心节点城市，利用城市群和中心节点城市的经济带动作用，连点成线、辐射成带，使丝绸之路带来经济发展的同时，也带动中西部城镇化的健康发展。

第三，增强城镇发展的产业支撑。产城融合是新型城镇化健康发展的重要条件，增强中西部城镇化的产业支撑应该着重把握好两大历史机遇。一是抓住国家经济转型升级的历史机遇，积极做好东部沿海产业转移的对接、落地工作。沿海地区由于产业升级、环境治理以及土地价格、劳动力成本上升等综合因素影响，纺织、普通机械加工等低端制造业正在逐步向内地和东南亚地区大量转移，这些产业基本属于劳动密集型产业，虽然产品附加值相对较低，但可以大量解决普通劳动者的就业问题，因而对中西部城镇化发展具有特别重要的意义。二是积极从丝绸之路经济带建设中寻找内在商机，一方面要利用好互市贸易区、边境经济合作区、海关特殊监管区等业已成熟的贸易模式，努力扩大与经济带相关国家的贸易规模；另一方面也要积极鼓励企业、个人走出去，建立跨境经济合作区和境外农业、工业加工区，积极探索、创新经济带合作新模式。

第四，加强城镇基础设施建设。中西部城镇基础设施建设依然较为薄弱，在今后一个时期仍需不断加强。一是要加强城镇之间的基础设施建设，利用好丝绸之路经济带建设契机，加快中西部地区公路、铁路、机场建设步伐，加强边疆和内地、中国和周边国家的联系。特别是要积极探索和创新高原、高寒、沙漠化等极端复杂地质、气象环境条件下高速公路、快速铁路的建设模式和维护方式，使之能够满足平时货物人员流通、战时兵力投放的需要。二是要加强道路、地下管线、垃圾处理等城镇内部基础设施建设，最大程度避免各类城市病；要充分利用西部大开发、丝绸之路经济带给中西部带来的各种政策优惠，科学规划城镇交通线路，减少道路拥堵现象，方便居民出行并实现行人、非机动车和机动车的和谐共处；要着力解决中西部城镇地下管网老化问题，提高新建城区地下管网建设标准，避免城市内涝、路面塌陷、管线泄漏爆炸等事件的发生；三是做好医疗垃圾、生活垃圾无害化处理，尽可能避免城镇生活给本已脆弱的中西部生态环境造成更大负担。

第五，完善城镇基本公共服务。城镇化健康发展，既要注重硬件设施建设，也要注重软件环境改善，对于城镇化转移人口而言，城镇最重要的软件环境条件就是住房、教育、医疗等社会基本公共服务。在丝绸之路经济带建设过程中，一是要适当提高生活用地的供给比例和供给数量，为当地政府和企业增加保障性安居工程住房供给，为满足中低收入家庭的住房需求奠定坚实的基础；二是要坚持以流入地为主、以公办学校为主解决农民工随迁子女入学入托问题，将农民工子女纳入城镇普通幼儿园、中小学招生范围，坚持教育资源均等化配置，尽可能保证基础教育阶段的“起点公平”，同时积极鼓励农民工及其子女接受岗位技能培训和职业教育，提高其劳动技能水平和工资报酬水平；三是要尽快实现城镇基本养老保险、基本医疗保险向常住人口全覆盖，严格贯彻劳动合同法，提高农民工养老保险、医疗保险投保比例，解除农业转移人口的后顾之忧。

（三）中西部城镇化建设需要正确处理五大关系

“引导约 1 亿人在中西部地区就近城镇化”是我国城镇化发展史上的一个重大任务，但中西部城镇化建设不可能一蹴而就，需要我们进行长期的艰苦努力，需要我们运用系统思维妥善处理城镇化实践探索过程中的各类复杂关系，使中西部城镇化发展少走弯路。

第一，政府和市场的关系。与东部地区相比，中西部地方政府，特别是基层政府在行政权力运行的规范、效率方面还有一定欠缺，在丝绸之路经济带建设中，要充分发挥党内监督、行政监督、社会监督的作用，对政府各类不作为、乱作为、不规范作为现象应坚决予以曝光查处；要坚持“放水养鱼”，进一步做好简政放权工作，加快建立政府的权力清单制度，为市场主体营造公平竞争的发展环境，为市场机制决定性作用的发挥创造良好的条件。

第二，顶层设计和基层创新。丝绸之路经济带建设、中西部地区城镇化发展都需要中央从国家战略层面总体谋篇布局，避免经济发展、城镇化建设走弯路。由于我国地域差异性巨大，城镇化发展不可能有一个统一的、普适的模式，因此中西部城镇化建设过程中也要尊重人民群众的首创精神，更多地利用基层创新助力城镇化发展。这就要求将顶层设计和基层创新有机结合起来，在通过顶层设计确立城镇化发展的整体制度框架的同时，允许、鼓励人民群众和基层政府通过政策试点、基层创新，优化城镇化发展的具体实现路径，并适时将其中的成功经验向其他地区宣传推广。

第三，对内开放和对外开放。中西部城镇化发展不可能闭门造车、独善其身，丝绸之路经济带为我们扩大中西部地区对外开放水平，加强与周边国家地区的经贸、科技、人员往来提供了一条新路，有利于将国外丰富的资源、力量引入中西部，助推城镇化健康发展。国内东部地区的经济发展、城镇化建设对中西部具有更大的借鉴意义和带动作用，因此我们在集中精力扩大对外开放、形成全方位开放新格局的同时，也不能忽视对内开放。中西部地区要积极吸引东部地区的企业、投资者投身中西部经济建设，清理撤销各种不合理的关卡、壁垒，实现东中西各地区的商品、服务、资金等的自由流动。

第四，经济发展和文化保护。中西部地区各民族大杂居、小聚居，在城镇化建设过程中，要充分尊重地方风俗，更多体现地方特色，应尽量避免东部地区钢筋水泥、高楼大厦、千城一面的城镇化发展模式。要做好优秀传统文化、特色民族文化的保护和传承工作，要切实做好各类物质文化遗产、非物质文化遗产的保护工作，特别是要进一步做好非物质文化遗产保护名录及其传承人的确认、培养工作，将这些口传心授的活态文化嵌入到经济发展、城镇化进程中，实现经济发展和文化保护的良性互动。

第五，城镇化和新农村建设。中西部地区在努力推进城镇化、积极吸引农业人口进入城镇定居的同时，也要选择一部分自然条件相对优越、农业发展基础较好的地区推进新农村建设，通过良好的住房、基础设施配套吸引农民集中居住，并通过便利的交通将城镇和乡村连接起来，实现城乡的便捷流通。另外，无论是推进新型城镇化还是进行新农村建设，都应该充分尊重农民的自主选择权，避免“被城镇化”“被集中居住”等现象的发生，使城镇化和新农村建设真正实现以人为本。

五、新型城镇化进程中的经济发达镇设市

2010年以来，全国层面的经济发达镇行政管理改革试点取得了很大成效，有效地扩大了试点镇的自主权，优化了试点镇发展的制度环境。当前应抓紧筛选一批经济发达镇进行设市改革，加速推进新型城镇化的进程。

改革开放以来，我国行政区划调整主要有五种模式：建制变更、行政区拆分、行政区合并、建制升格以及新设立行政区。其中，撤县设市的行政区划调整，是我国改革开放以来最重要的一种行政区划调整模式。近些年来，经济发达镇设市成为行政区划改革的重要研讨目标，党的十九大后，行政体制改革的重点之一就是赋予地方更多自主权，经济发达镇设市必将提上日程。

（一）经济发达镇设市改革的原则和指标选择

在未来一段时间，我国设市应主要围绕镇改市展开，这符合中央提出的创新行政管理和降低行政成本设市模式的要求。

1. 镇改市标准制定的原则

城市是一个复杂的综合体，镇改市标准制定和指标选择要既能代表城市的本质特征，又能反映区域差异、发展需求，还能够便于比较。

第一，以省区为单元确定镇改市标准。考虑到我国的地域差别，各地城镇化发展水平不一，可在国家总体规划的前提下，在每个发展时期，确定一省区镇改市数量。每一省区结合经济、社会、文化、生态发展需求，本着指标设置区域性原则，自行设定镇改市设置标准。这样做有如下两点好处：一是均衡推进各省区城镇化发展。省区可以考虑以镇域经济指标为主，也可以考虑以镇域人口指标为主，还可以考虑以镇域文化旅游特色为主。有些边境口岸的特色小镇，完全可以降低相应指标。全国不用统一指标，这在镇改市上更能突出各地城镇化特色，也可以照顾到中西部地区的城镇化发展，有利于丝绸之路经济带

的建设。二是避免更多的人为干预。一个时期省区内指标确定后，通过在省内的横向比较，就能够较容易地确定符合行政区划改革条件的经济发达镇。

第二，镇改市要符合区域空间规划要求。要根据土地、水资源和环境承载能力，以及交通、区域城市群落确定是否镇改市。只有符合空间规划要求，符合行政区划改革方向才能镇改市。一般来说，只有那些远离中心城区、经济发展具有相对独立性、有发展潜力且能带动周边地区发展的镇，才能进入镇改市的候选名单。

第三，镇改市指标要反映城市的本质特征。镇改市最根本的出发点是依法赋予经济发达镇以相应的城市化发展的权力，提高其城市发展权限，这不是通过强镇扩权可以完全解决的。镇改市使经济发达镇按照城市的标准来规划和管理，使城市规模、城市设施、产业结构以及服务能力进一步提升。东部地区经济发达镇设市标准主要按照城市的本质功能设定，重点测评经济发达镇人口聚集、经济实力和公共服务能力。中西部地区镇改市，对于人口、经济等方面指标可相应降低，近几年应重点考虑“产强城弱”的经济发达镇设市。城镇化发展要有产业做支撑，实现产城融合城市才会发展起来。中西部地区要重点在区位优势明显、资源环境承载能力强的经济发达镇设市，培育一批资源加工、商贸物流、文化旅游、边境口岸的小城市。比如，对于大学所在地或重要物流节点的小镇，可以放宽准入条件，进行镇改市的改革。一些国家常用的设市模式是：大学带动一个小镇，发展一座城市。现在我国设在小镇上的大学数量偏少，未来十几年，国家可以有计划地把部分大学从特大城市和大城市迁到具有一定区位优势的小镇上，让大学来促进小城市的发展。此外，一些重点物流节点、商贸集散地所在的小镇也可以改市。

2. 镇改市指标的框定

从国家民政部撤镇设市 2014 年征求意见稿来看，设市指标选择大多还停留在 20 世纪 90 年代设市标准之上。如全镇 5 年 GDP 平均值，第二、三产业比重，万人医院床位数，城区燃气普及率等。这些指标，有些较为过时，有些可操作性较差。在新的历史时期，选取的指标要以每一省区为单位，突出可比性。

第一，以城镇建成区人口规模为人口指标。一项研究表明，小城市只有人口达到一定规模，经济发展才能进入良性状态。在选取相应的人口指标时，考虑到指标的城镇化内含，建成区人口规模是一个重要指标。这是由于建成区是镇行政区范围内经过征用的土地，是实际建设发展起来的非农业生产建设用地。建成区集聚人口的生产生活方式最接近城市。

第二，以镇财政一般预算收入为经济发展指标。经济实力的强弱影响到城市未来的发展和对周边地区的带动能力，是判断一个城市是否具备强劲发展能力和区域职能的主要因素。一般预算收入不包括上级政府的转移支付，它既能体现一个地区产业发展状况，又能体现经济发展实力，因此是重要的设定指标。

第三，以教育和医疗作为公共服务能力指标。公共服务能力是城市形成后所必须具备和承担的职能。镇的公共服务能力包括多方面，但多数指标缺乏统计依据，只有教育和医疗领域能找到具有横向可比性的指标，教育领域的指标采用人均公共财政教育支出，医疗领域的指标采用万人拥有医生数，这两个指标方便可查。

（二）经济发达镇设市改革的模式选择

对经济发达镇设市，人们存在争论。目前争论的焦点表现在究竟是切块设市（即将镇设市后从原有的县域中分离出来），还是用县下辖市模式。不同的设市模式直接关系到镇改市后的归属问题，这是人们争论的核心所在。

主张县下辖市的学者认为，县下辖市是发达地区农村城镇化的现实需求，是与世界上多数国家和地区的设市模式相一致的，同时县下辖市仍由县管辖，有利于县的稳定。他们认为，最好把下辖市定为副县级。毫无疑问，县下辖市模式可以避免切块设市引发的利益分割问题，一般会得到所属县的支持。我们认为，经济发达镇升格为副县级市后，其实质仍然是县下政权，随着县下辖市的发展，其与县的矛盾会逐渐显露出来，不可避免会出现市管县体制的问题。此外，县下辖市如果没有自治改革的推动，其与县域中心镇没有太大的区别，实质上就是强镇扩权。

切块设市是将升格后的经济发达镇从原县中剥离出来，它的优点是恢复了城市的本来含义，发达镇所辖农村区域不是很大，而且升格为县级，有利于推动小城市的建设。切块设市存在以下几方面问题：一是会削弱所在县经济发展的实力。一般来说，经济发达镇在县中权重比较大，切块设市无疑会对县的经济发展产生重要的影响。二是行政区划面临两难。镇改市是以镇原有的行政区划为界，还是综合考虑经济发达镇未来的发展，突破镇的区划边界，扩进来几个乡镇，是一个棘手的问题。对此设市前要充分研究，进行前瞻性设计。

在目前国家政治制度下，县下辖市模式没有太大的意义，这种改革对我国行政区划改革和新型城镇化建设的推动作用较小。同时，还会导致市制混乱、社会接受程序偏低等现象。我们倾向于采取切块设市的方式，适当突破建制镇的边界，扩进一些相关乡镇，为镇改市后提供必要的发展空间。

（三）镇改市要走降低行政成本的改革模式

镇改市改革，要重视做好以下工作：一是有效推进省直管改革。各地要按照新的镇改市标准，确定一批符合条件的经济大镇撤镇设市。设市后，符合行政区划改革条件的，不再隶属于地级市或县市管理，而是由省直接管理。二是按照简化行政机构原则设市。撤镇设市后，不再设置四大班子，领导机构要与社会发展阶段相适应，要与小城市的特点相适应。设市可参考经济开发区管理体制，并且要求一个方面工作由一个领导负责。三是实行大部门体制。行政机构与事业单位职能整合，部门统一设置。行政部门与事业单位能够合署办公的，坚决合并。四是推进政府向社会力量购买公共服务。镇改市后，公共服务供给主体要多元化，有些体制内提供的公共服务，要采取向社会力量购买的方式。

第五篇 县域城镇化的几种模式与省直管县改革

目前，在县域城镇化方面，全国有代表性的有苏州模式、浙江模式、成都模式、重庆模式、晋江模式、山东模式、广东模式、天津模式、吉林模式和贵州模式等。县域城镇化发展与省直管县改革结合，大多体现在对县域扩权上，即赋予其单项或多项地级市的行政职权。

表5–1 城镇化模式及省直管县特点

模式	主导路径	推进特点
江苏模式	城乡发展一体化	江苏模式以苏南城乡发展一体化为代表，发展以乡镇企业为主体的非农业生产活动，实现农村人口的职业转换。省直管县的特点主要是对县域的扩权，赋予地级市行政职权
浙江模式	农村城镇化	浙江模式以温州小城镇发展为代表，依托市场力量形成区域块状城镇化发展。省直管县的特点主要是财政省直管县，并对县域进行扩权
成都模式	扩充城市	通过建立农村土地产权交易市场，使城市获得建设用地指标，进而提高农村公共服务和社会保障水平。县域城镇化的主要特点是城乡一体化发展
重庆模式	扩充城市	以农村宅基地置换城市住房，以城市社会保障换承包地，推进城镇化发展。省直管县的主要特点是推进市对县完全直管
晋江模式	全面提高城镇化质量	把以人为本的理念贯穿于城镇化全过程，注重科学性、整体性、前瞻性、特色性。省直管县的主要特点是扩权强县，有选择地实行财政省直管县
山东模式	就地就近城镇化	县域是山东城镇化发展的基础环节和着力点，降低城镇化发展“门槛”，实现农村转移人口就地就近。省直管县的主要特点是强县扩权，实行财政省直管县
广东模式	农村城镇化	依靠改革开放先行一步的政策，自下而上的农村发展，形成一批特色发展大镇、专业镇，以此带动农村城镇化的发展。省直管县的特点是强县扩权，并实行财政省直管县
天津模式	农村城镇化	由乡镇政府主导，实现土地集约增值，发展地区经济，解决农工就业

续表

模式	主导路径	推进特点
吉林模式	县域工业化	以县域工业化实现强县建设，以农业现代化保障城镇化发展，大力培育县域中心城市。省直管县的特点是扩权强县，全部实行财政省直管县
贵州模式	城乡统筹发展	以县域城镇化发展为重要目标，推进公共服务向农村地区发展，注意生态保护，发展新型城镇化。省直管县主要特点是强县扩权试点，并实行财政省直管县

一、城乡一体化发展的苏州模式

城乡发展一体化是我国推进县域城镇化的主要模式。苏州市地处苏南，其经济实力居全国地级市首位，辖5区4市。昆山市正在进行省直管县改革试点，另外3市和吴江区都有国家级开发区，实际上都在享受省直管县改革政策。

作为城乡一体化苏南模式的主要发源地，苏州市以城乡一体化推进城镇化的方法可概括为“一二三四五”。“一”是“一张蓝图”，指在城乡一体和规划先行思想指导下，苏州编制完成了覆盖城乡的规划蓝图。“二”是“两个置换”，指苏州依托非农就业岗位充裕的优势，鼓励农民自愿用土地承包经营权置换城镇社会保障，用宅基地使用权及农村的住房转换城镇住房。“三”是“三个集中”，指引导和推进工业企业向园区集中、农民居住向社区集中、农业用地向规模经营集中。“三个集中”促进了农村工业和农业的规模经营，节约了资源，提高了效益，同时为实施城乡均等的公共服务创造了条件。“四”是“四个对接”，指城乡基础设施的对接、城乡劳动就业的对接、城乡社保的对接、城乡公共服务的对接。通过推进“四个对接”，苏州已基本实现了供水、供电、计算机网络、数字电视、污水处理等的城乡一体化；构建了城乡就业政策统一、就业服务共享、就业机会公平和就业条件平等的机制，90%以上的农民实现了非农就业；在全国率先实现了基本养老保险、医疗保险、低保标准的城乡对接并轨；形成了教育、卫生、文化的城乡均等化发展态势和农村社区服务体系。“五”是“五个注重”，指注重强村富民、注重发展现代农业、注重环境整治、注重典型引路、注重制度创新。围绕做到“五个注重”，苏州把强村富民作为实现城乡发展一体化的核心任务，把现代农业确定为推进城乡发展一体化的基础性产业，把美化农村环境作为推进城乡发展一体化的重要内容，确定了23个城乡一体化发展综合配套改革试点工作先导区，探索和推进了农村土地使用制度、城乡社保制度、农村金融制度等方面的创新。①

苏州现代农业发展的经验表明，在工业化城镇化快速发展过程中，农业的基本功能不断得到扩展和深化，农业不仅提供我们所需的农产品和就业，还要提供良好的生态系统，提供生活、教育和文化载体等多样化的功能。经济发展水平越高，社会越是进步，农业功能的多样化趋势越是明显，农业越将起到不可替代的作用。②苏州不断强化和拓展农业功能定位，建立永久性农业发展区，从2005年开始基本农田保有率一直保持在100%。苏州在突出农业生产、生态、生活等多功能性，大力发展有机农业、生态农业、绿色农业，发挥农业食品保障、原料供给、就业增收等功能的同时，更加彰显生态保护、观光休闲、文化传承等功能，展现江南鱼米之乡的优美田园风光，实现了农业经济效益、社会效益、生态效益的有机统一，为整个经济社会全面协调可持续发展提供了可靠的保障。

在工业化城镇化快速发展过程中，苏州农民就业创业渠道不断拓宽，全市近90%的农村劳动力实现稳定非农就业。苏州在推进城乡一体化过程中，认真贯彻劳动者自主就业、市场调节就业、政府促进就业和鼓励创业的方针，不断优化城乡劳动力就业结构，拓宽就业创业渠道，积极探索建立城乡平等的就业制度。一是建立城乡一体的就业和失业管理制度。苏州将农村就业纳入整个社会就业管理体系，建立健全了城乡劳动力资源调查制度和就业、失业的界定标准体系，规范了就业和失业登记管理，完善了城乡一体的就业和失业管理制度。二是实行城乡统一就业促进政策。对劳动年龄内有就业愿望和就业能力的农村劳动力，发放统一的《就业登记证》，鼓励各类培训机构为农民开展多层次、多形式的职业培训，提供免费的职业介绍和职业培训服务。

作为城镇密集区，经历了30多年高速工业化和城镇化后，苏州形成了以苏州市区中心城市为核心，5个县级卫星城市为枢纽，50个重点中心镇、历史

① 参见康永超：《发达地区城乡发展一体化之路与前瞻》，《经济研究参考》2014年第5期。

② 参见蒋宏坤、韩俊主编：《城乡一体化的苏州实践与创新》，中国发展出版社2013年版，第2页。

文化名镇、较大镇为基础的城镇体系框架，逐步形成了一批规划有序、环境优美、各具特色的现代化新城镇，在此基础上形成了产业布局比较合理、公共服务基本均等、产业发展、就业吸纳和人口集聚比较协调的发展格局。这种格局在提升城市品质方面具有突出优势。一是均衡发展中心城区与县级城市。一方面，苏州通过强化中心城区建设，发挥其吸纳高端产业要素的作用；另一方面，通过强县扩权，优化县级城市发展环境，增强其发展实力。苏州 5 个县级市全部位居全国百强县前列，各县级市的城镇化率都在 70% 左右。苏州经济发展的最大特点之一，就是张家港、常熟、昆山、太仓、吴江 5 个县级市和苏州中心城区优势互补、良性互动，中心城区与县级城市之间形成共生共荣的关系，这与一些地区存在的城市之间层层吸纳资源与层层边缘化现象形成鲜明对比。二是充分发挥小城镇沟通城乡、促进城乡一体化发展的独特作用。苏州通过乡镇合并、区镇合一、强镇扩权，在规划的引导下，小城镇的发展格局呈现出从数量过多、规模过小、过于分散向规模适度、合理布局、综合功能日益增强转变的趋势。大量发展活力充沛的小城镇的存在，形成了农村地区自下而上的要素集聚中心，避免了许多单中心城镇化地区出现的农村地区生产要素的过度外流现象。

二、小城镇发展的浙江模式

在推进新型城镇化进程中，浙江省把小城镇特别是中心镇的培育发展放在突出位置上，这与浙江省直管县体制的实行密切相关。改革开放以来，浙江省农村工业化如火如荼，乡镇企业、民营企业迅速发展，块状经济加速形成，产业繁荣带动了小城镇如雨后春笋般崛起，小城镇的数量与活力成为浙江省推进城镇化的比较优势。而中心镇作为区位优势明显、经济实力雄厚、城镇规模较大的群体，更是统筹城乡发展的重要节点，是转移脱离土地农民的重要平台，在小城镇发展中占据重要位置。浙江省小城镇的发展，主要是依照省直管县的改革逻辑，给中心镇和区位优势明显的大镇以扩权，推动其快速发展。

在发展小城镇上，浙江省顺势而为，连续出台了一系列加快中心镇发展的政策举措。2005 年，《浙江省统筹城乡发展推进城乡一体化纲要》提出“加快培育中心镇，使之成为连接城乡的节点和繁荣农村、服务农业、集聚农民的重要载体”。2007年，浙江省省政府颁布《浙江省中心镇发展规划（2006—2020年）》，明确重点支持200个左右中心镇发展。2010年，省委、省政府出台《进一步加快中心镇发展改革的若干意见》，提出到2015年，将全省200个中心镇建设成为产业特色鲜明、生态环境优良、社会事业进步、功能设施完善的县域中心或副中心。

为什么要在培育中心镇的基础上培育小城市？这是因为从“镇”到“市”，是一个必须跨越的“坎”。首先，小城市对区域的集聚和辐射功能明显强于小城镇。当前，我国有近两万个建制镇，平均人口8000人，70%的镇平均人口低于5000人，小城镇在产业集聚、人口集聚的功能发挥上作用十分有限。浙江省小城镇同样存在数量多、功能弱的问题，难以对产业升级和农业农村发展起到支撑和带动作用。小城市的功能要明显高于小城镇，对块状经济转型升级的服务支撑功能明显强于小城镇。其次，许多强镇“小马拉大车”问题突出。进入21世纪特别是“十一五”以来，浙江省涌现了一批实力强劲的中心镇，全国千强镇中浙江省占了334个。部分小城镇已经成长为经济实力雄厚、块状经济发达、市场比较繁荣的经济强镇，但这些镇受制于建制镇的农村经济型管理体制和权限，导致“责大事多”“镇大权小”“人多钱少”。只有赋予经济强镇以现代小城市管理体制和管理权限，才能破除其“成长烦恼”和管理困惑，为经济强镇发展开辟广阔前景。

基于上述考虑，浙江省作出了开展小城市培育试点的决策。2010年12月29日，省政府办公厅出台《关于开展小城市培育试点的通知》，提出“加快培育一批经济繁荣、社会进步、功能完备、生态文明、宜居宜业、社会和谐的小城市，构筑集聚能力强、带动效应好、体制机制活、管理水平高的城市化发展新平台”，并确定了首批27个中心镇为小城市培育试点镇。①

通过近几年的实践，浙江省小城市培育试点取得了明显成效。2012年27个小城市GDP总量达到2131亿元，占全省比重从试点前的5.58%提高到6.16%。财政总收入超280亿元，镇均超10亿元，占全省比重从试点前的

① 参见郁建兴：《浙江新型城镇化快速推进》，《人民日报》2013年12月9日。

3.77% 提高到 4.38%。镇均建成区常住人口达到 10.3 万人，城镇化率从试点前的 57.2% 提高到 62.8%。

三、就地就近城镇化的山东模式

改革开放以来，山东省的城镇化逐步走上健康发展的轨道。全省城镇体系不断完善，承载能力不断增强，人居环境不断优化，城镇化质量和水平不断提高。“一群一圈一区一带”的城镇发展框架初步建成，形成了由 7 个特大城市、9 个大城市、34 个中等城市、56 个小城市和 1062 个建制镇构成的城镇格局。2012 年，全省人口城镇化率 52.43%，户籍城镇化率 41.97%。户籍城镇化率与人口城镇化率比例为 0.8:1，居全国省区第四位。山东省直管县改革促进就地就近城镇化，主要体现在对经济强镇扩权上，引导农民在家乡发展，快速推进县域城镇化。

山东省历来高度重视城镇化工作，早在 2000 年就将其列为全省经济社会发展的四大战略之一。《关于大力推进新型城镇化的意见》《山东省城镇化发展纲要（2012—2020 年）》等政策文件先后出台，完善的城镇化工作领导体制逐步建立。

在城镇化发展过程中，山东省注重发挥规划引领作用，山东半岛城市群和济南都市圈、黄河三角洲、鲁南地区城镇发展规划等一批区域性发展规划相继编制实施。与此同时，产业对城镇化的支撑作用得到强化。山东半岛蓝色经济区、黄河三角洲高效生态经济区、省会城市群经济圈和西部经济隆起带发展加快推进，产城融合发展水平不断提高。“两区一圈一带”的区域协调发展总体格局形成，13 个城市进入全国综合实力前 100 名，16 个县（市）进入全国中小城市综合实力百强。

山东省注重提升城镇综合承载能力，不断加大基础设施建设力度。目前，全省公路通车总里程达 24.46 万公里，密度达 156 公里 / 百平方公里，城市人均道路 23.8 平方米、公园绿地 15.8 平方米，污水集中处理率 92.5%、生活垃圾无害化处理率 97.8%。山东还先后制定了社保、住房、医疗、户籍等一系列政策，推进农业转移人口市民化，提高基本公共服务均等化水平。全省城镇职工基本养老、基本医疗、失业保险参保人数分别为2187万、3257万、1075万，新型农村合作医疗参合率达99.9%。新型农村与城镇居民社会养老保险制度合并实施，参保人数达4420万人。

县域、小城镇和农村新型社区是推进城镇化和统筹城乡发展的基础环节。山东省委、省政府先后出台了《关于推动县域科学发展整体提升综合实力的意见》《关于开展“百镇建设示范行动”加快推进小城镇建设和发展的意见》《关于加强农村新型社区建设推进城镇化进程的意见》等政策文件。山东省通过实施“双三十”工程和扩权强县改革，大力开展“百镇建设示范行动”，有序推进农村新型社区建设，一批经济强县、强市加快崛起，一批特色小城镇加快发展，一批农村新型社区加快建设，县城和小城镇聚集产业、吸纳人口的作用日益显现。

推进新型城镇化健康发展，不能脱离省情。山东省在数十年的实践探索中，走出了一条具有地域特色的就地就近城镇化道路。据统计，全省1370万（含983万农民工）流动人口，85%在本省内流动，50%在本县内转移；全省5078万城镇人口，53.5%分布在县（市）、镇。本地城镇化、县域城镇化，是山东新型城镇化的鲜明特色；以城市群为主，推进中小城市加速发展，是山东新型城镇化建设的大势所趋；农村新型社区建设，则是山东新型城镇化发展的新载体。2005年至2010年，山东省设区城市、县城、建制镇的城镇人口年均增长率分别为0.9%、9.6%、0.8%，县（市）人口集聚效应明显。近年来，山东省先后建成农村新型社区5190个，约有381万户1254万农民居住进社区，就业进园区，实现就地就近城镇化。

当前，山东省已进入城镇化中后期提质加速发展阶段，今后15至20年仍将保持快速发展态势。未来，山东省将坚持本地主导、均衡共享，以人为本的城镇化为核心，以提高城镇化质量为目标，以体制机制改革为动力，以空间城镇化为基础，以经济城镇化为保障，走集约、智能、生态、低碳的新型城镇化道路，力争打造全国新型城镇发展的先行区、城镇化与经济转型协同推进的试验区、全民共享城镇化发展成果的示范区。①

---

① 参见鲁建宣：《山东积极探索新型城镇化健康发展的体制机制》，《人民日报》2013年12月10日。

四、全面提高城镇化质量的晋江模式

晋江市位于福建东南沿海，面积649平方公里，辖13个镇、6个街道，共391个行政村（社区）。到2013年末，晋江市常住人口204.5万人，城镇化率已达62.8%。2013年晋江市实现地区生产总值1363.94亿元，城镇居民人均可支配收入30825元，农民人均纯收入15213元。经济基本竞争力连续13届位居全国百强县（市）前列，连续20年居福建各县（市）首位，经济总量占泉州市的1/4、全省的1/16。晋江省直管县改革促进城镇化发展，主要体现在强县扩权上，赋予其地级市的相应职权，推动县域快速发展。

晋江市对新型城镇化的探索始于21世纪初，2001年福建省政府批准晋江市按照中等城市标准进行规划建设，2002年时任福建省省长习近平到晋江调研，充分肯定晋江市的发展成效，总结提出了“六个始终坚持”的“晋江经验”，并提出要在推动工业化和城镇化互促共进、协调发展等方面创造新经验的要求。2009年晋江市启动新一轮城市总规修编，提出城市发展定位为：中国品牌之都、现代产业基地、滨海生态城市。2014年福建省政府批复《晋江市推动农业转移人口市民化，促进城镇化健康发展试点方案》，明确提出“以人的城镇化为核心，全面提高城镇化质量”的目标任务。①

第一，坚持以人为本，以外来人口市民化为重点推进新型城镇化。外来人口超过本地人口是晋江的市情，也是推进城镇化面临的难题。晋江市在推动本地人口就地就近市民化的同时，着力促进外来人口在晋江安居乐业，稳步推进外来人口市民化。创新“居住”和“落户”制度。在福建省率先实行“居住证”制度，赋予持证人员教育、社会保险、医疗卫生、事业单位招聘等30项市民化待遇。

第二，促进产城融合，实现工业化与城镇化良性互动。针对产业结构还不

---

① 参见中共福建省委、人民日报：《积极探索中小城市新型城镇化之路》，《人民日报》2014年12月22日。

协调，第二产业比重偏高、第三产业比重偏低，传统产业占全部规模以上工业产值的76%，新兴产业规模小、发展滞后的状况，近年来晋江市坚持走“产城一体、融合发展”的路子，推动产业发展与城市建设良性互动、协调并进。晋江市以新型城镇化为抓手，启动“一区多园”拓展规划，加强食品、光电信息科技、时尚服饰、海洋生物科技等园区建设，培育8个专业市场、3个文化创意园区、1个金融聚集区，布局一批高端商业综合体，使得城市基础设施和公共配套更加完善，城市承载力进一步提高，支撑了一批现代服务业和战略性新兴产业的发展。

第三，优化功能布局，打造舒适宜居的城市空间。晋江城市源于农村，城市化发展相对滞后，曾一度出现“城市不像城市、农村不像农村”的现象。2009年，晋江市以实施“九大组团、五大片区”改造为契机，拉开新型城镇化发展框架，改善了城市面貌，提升了城镇化品质。一是在功能定位上做到“科学准确”。坚持“跳出晋江看晋江”，主动融入海西城市群发展布局，既推动了城市群内部的分工合作，又承担了城市群中产业与人口转移的重任，逐步成为海西城市群的重要节点城市。二是在规划引导上做到“全市一域”。把全市649平方公里作为一个城进行统一规划，确立“一主两辅”的空间发展格局，科学合理地确定各个功能区的划分，推动全市空间布局、产业发展、功能配套上充分对接，构建布局合理、分工有序、开放互通的城乡空间结构。

第四，突出文化传承，发展有历史记忆和地域特色的城镇。晋江市历史悠久，中原文化、海洋文化、闽南文化、华侨文化、宗教文化等多元文化在晋江相互交融、相映生辉，铸就了独特的地域文化和人文特质。晋江市注重把城市更新改造与文化传承发展相结合，在城市建设中融入传统文化元素，守护城市的根、文化的魂。

第五，注重生态优先，实现城市绿色发展、低碳发展。晋江市在保持经济平稳较快发展的同时，把“生态立市”理念融入经济社会发展全局，系统推进生态文明建设，为新型城镇化注入“百姓富、生态美”有机统一的新内涵，着手组织编制《晋江市生态市建设规划》和《晋江市环境提升三年行动方案》，建立环保投入逐年增长机制。

第六，加强城镇化管理，推动城市治理精细化、高效化。快速的城镇化、大范围的城市更新改造，给晋江市提出了诸多新问题、新挑战。然而，晋江市通过推进城市规划、经营管理、改造建设等方面的体制机制创新，提高了城市综合治理水平，为新型城镇化建设提供了有力保障。围绕建设项目的策划生成、跟踪落地、组织实施等环节，构建三级城建管理体系，在组团片区开发方面推行“八个同步”工作法（同步推进项目策划、规划设计、手续报批、征地拆迁、招商选资、安置建设、公共配套和传统文化保护），以最短时间完成项目策划、征迁和落地，快速盘活土地、回笼资金，把投入产出时间成本降到最低，有效加快城镇化建设进程。

晋江模式的启示与借鉴：

一是推进新型城镇化，要适应我国国情，多发展中小城市及城镇。晋江市在新型城镇化建设中，充分发挥中小城市所具有的低门槛、低成本、高效益，以及在市场经济条件下反应灵敏、调整迅速的优势，推动了城乡一体化发展。实践证明，在重视发挥大城市作用的同时，更加注重中小城市和城镇的发展，有利于更好地实现产业合理布局，解决就业问题，推动公共服务均等化，实现城乡统筹发展。这是我国新型城镇化发展的重要途径之一。

二是推进新型城镇化，必须把人的城镇化及人的发展放在核心位置。新型城镇化的核心是人的城镇化，必须把以人为本作为基本原则。晋江市在推进新型城镇化过程中，不仅关注本地人口，而且关注外来人口，不仅关注人的就业、住房、交通等物质层面需求，而且关注人的文化、教育等精神层面需求，始终把维护群众利益、满足群众诉求作为出发点和落脚点，调动广大群众参与城镇化的积极性。实践证明，新型城镇化只有把人作为核心因素，打破传统城乡二元管理模式，推动基本公共服务向常住人口全覆盖，满足人们在城镇化中日益增长的物质文化需求，才能实现人的有序流动、合理集聚和全面发展，更加和谐地推进城镇化进程。

三是推进新型城镇化，要因地制宜，选择符合自身条件的发展道路。因地制宜是城镇化发展的内在需要，也是尊重城镇化发展规律的必然要求。晋江市城镇化之路是与其特定的历史条件、经济发展水平相适应的，是从其自身的资源禀赋、产业特点、地缘优势、人文特质、生态环境等客观条件出发，因势而谋、应势而动、顺势而为的结果。实践证明，推进新型城镇化绝不能搞一刀切，而应更加注重科学规划，走特色化和专业化道路，宜工则工、宜农则农、宜游则游，保护传承传统文化，凸显城镇人文气质，避免“千城一面”“万楼一式”，使新型城镇化更加贴近实际、富有个性。

五、全面直管的河南巩义模式

自2014年1月1日起，河南省对10个省直管县试点县（市）全面实行省直接管理体制，这是继海南省、重庆市实行全面省直管县体制后，大省推进省直管县体制的重大突破，是纵向行政管理体制改革的重大推进。下面以巩义市为例，解析河南省全面实施省直管县改革的探索情况。

（一）2011—2013年省直管县试点情况

2011年6月，河南省启动省直管县体制改革试点。试点县（市）的选择有明确的要求，即离中心城市较远，处于若干行政区域的结合部，而且人口普遍较多，产业基础较好，经济实力较强，具有发展成为中心城市或区域性中心城市的条件，发展好了就可以形成区域的增长极。巩义市等10个县（市）基本具备这样的条件。

试点将市管县体制逐步调整为省直接管理县体制，由省政府直接领导试点县（市）政府工作，试点县（市）政府各工作部门直接由省政府主管部门进行业务指导或领导，实行省对试点县（市）的经济社会发展事务单列管理。试点县（市）行政建制、行政区划维持不变，试点县（市）及所在省辖市党委和人大、政协体制，法院、检察院体制以及干部管理和社会稳定权限及责任维持现状。省政府赋予试点县（市）政府省辖市级经济社会管理权限。试点县（市）享有法律、法规、规章所规定由的省辖市（含设区的市、地级市）政府行使的经济社会管理权限，以及省政府及其部门下放给省辖市政府及其部门的经济社会管理权限。

经过两年多的试点，随着各项政策措施的落实，巩义市改革效果初步显现。

第一，行政效能明显提升。河南省委、省政府赋予试点县（市）更多的经济和社会管理权限，省与县之间在政策、资金、管理等方面的对接更为畅通，减少了环节，简化了手续，提高了效率。同时，巩义市各部门加强对接，准确掌握下放审批事项的操作流程，迅速建立相关规章制度，创新工作方法，优化办事程序，服务大局的意识和能力显著增强。

第二，省重点项目支持力度明显加大。实施省直管后，试点县（市）项目、资金直接向省申报，省直厅局对计划指标进行直接平衡，对试点县（市）的支持力度进一步加大。直管前，巩义每年只有3—5个项目列入省重点，直管后列入省重点项目逐年增多，2013年列入省重点项目达到23个，总数位居全省108个县（市）之首。以此为带动，其他如农业、水利、农机、文物、旅游等方面扶持资金也都有了较大增长。

第三，招商引资的吸引力明显增强。随着多项管理权限的下放，试点县（市）对外来投资者的吸引力显著增强。2011年以来，巩义市立足于引进外力、激活内力，大力开展招商引资、招才引智，先后与中国铝业、清控科创、河南建业签订战略合作协议，与南车集团、远东电缆达成合作意向，成功引进交通银行巩义分行，投资15亿元的万洋国际商城、投资18亿元的中鸿工业园等重大项目加快推进，投资15亿元的顺源宇祥铝业铝型材、投资5.5亿元的艾美文化科技产业园、投资15亿元的水道口村生态观光旅游区顺利签约。

2012年，巩义市在全省县域经济社会发展评价中，排名第三，比2011年上升4位。2013年，面对极为错综复杂的形势，全市生产总值完成580亿元，同比增长11%；公共财政预算收入完成30亿元，增长15.2%；城镇居民人均可支配收入达22710元，农民人均纯收入达14456元，分别增长11.1%和11.6%。省直管县改革政策的落实，为巩义市提供了难得的发展机遇和广阔的发展空间。

（二）全面省直管重大改革及有效对接

巩义市等省直管县改革县（市）的成功经验证明，改革有利于提高行政效能，有利于促进经济社会发展。但政府系统的单项改革与党委、人大、政协、法院、检察院领导体制不匹配的问题日益显现，已影响到县域的发展，亟待深化改革。面对这种情况，河南省委省政府按照有利于加强党的领导，有利于转变政府职能，有利于推动县域经济发展，有利于更好服务群众的原则，决定对试点县（市）全面实行省直接领导体制。

第一，调整党委体制。直管县党委直接受省委领导，向省委负责并报告工作。直管县纪委和党委各部门直接受省纪委和省委对应部门领导或指导。直管县党委、人大、政府、政协正职由省委管理，班子其他成员及副县级以上干部由省委委托省委组织部管理。实行双重管理单位的干部，原来由省辖市有关部门主管或者协管的，调整为省级部门主管或协管。

第二，调整人大体制。直管县人大常委会直接受省人大常委会指导和监督。在十二届省人大换届前，直管县的省人大代表可共同组团参加省人代会。换届时，省人大代表名额直接分配到直管县，在直管县选举，由省人大常委会根据 10 个直管县的代表人数确定参加省人代会的形式。

第三，调整政协体制。直管县政协直接受省政协的指导。换届时，直管县不再推荐产生省辖市政协委员；省政协委员名额直接分配到直管县，由直管县推荐产生。

第四，调整法院、检察院体制。设立河南省第一中级人民法院、河南省人民检察院第一分院，依法行使中级人民法院、检察分院的职权，管辖巩义市、汝州市、邓州市、永城市、固始县、鹿邑县、新蔡县。济源市中级人民法院更名为河南省第二中级人民法院，河南省人民检察院济源分院更名为河南省人民检察院第二分院，管辖济源市、兰考县、滑县、长垣县。河南省第一、第二中级人民法院均由省高级人民法院直接管理；河南省人民检察院第一、第二分院均为省人民检察院派出机构，由省人民检察院直接领导。

第五，调整群团体制。直管县群团组织直接受省级群团组织领导或指导。

全面直管简单四个字，实际上是对已经习惯了多年的市管县体制的彻底调整，省直部门、地级市、直管县都需要进行相应的调整，才能适应这一新的体制，满足新体制的需要。从我们的研究来看，要做好以下几方面工作。

第一，省直部门要做好赋予直管县职责的工作。直管县享有省辖市级管理权限后应当负责和履行的业务内容，省直部门要明确告之，并以表格形式逐项列出。党委、人大、政协和群团是首次进行这项工作，要进行全面的梳理，将所有涉及事项告之直管县（市）。省政府各部门要对政府直管时期未下放的权限、未改革到位的事项尽快下放和改革到位。

第二，相关地级市要做好移交工作。地级市要列出移交的内容，应当由省管理的移交到省里，应当由县承接的移交到县里。地级市要继续支持直管县的发展，并设计好区域经济共同发展战略。

第三，省管县（市）要做好承接工作。要以表格的形式列出各项承接清单，建立通行顺畅的工作机制。实行全面直管的情况下，省委省政府在政策制定、宏观指导等各个方面已经将直管县作为省辖市对待，这对直管县的要求更高、标准更严。省管县（市）要适应这种改革变化。

（三）设计好省直管后的发展战略

对于直管县来讲，进行省直管县改革，重点是履行好职责，切实用好用足省里赋予的省辖市经济社会管理权限，加快推进县域发展。从我们对巩义市情况的了解来看，有这样几个发展方向应明确为发展战略。

第一，建设郑州西部区域性中心城市。巩义市根据建设郑州西部区域性中心城市这一发展定位，依靠省直管的契机，要完成从县级城市向现代化中等城市、中心城市的结构性转变，到2020年基本建成郑州西部区域性中心城市，并更好地担负起区域发展的重要责任。巩义市建设郑州西部区域性中心城市的作用和优势体现在：功能相对完善，发展特色鲜明，生态良性循环，具有很强的集聚和扩散作用。一是具有发展成为郑州西部经济高地、区域次中心城市的区位优势。巩义市位于郑州、洛阳、焦作三市的结合部，是郑州都市区与中原经济区副中心城市洛阳联动发展的重要连接点、郑洛工业走廊的重要支撑点，把巩义打造成郑州西部区域性中心城市，将使郑州都市区城镇体系更加完整，区域发展更加均衡。二是工业基础较好，在郑州市重点发展的七大工业主导产业中，巩义市是铝精深加工产业的主要承担地，是以新型耐材为主的新材料产业的高端承担地。三是在郑州都市区生态构建上，巩义市南部山区和北部沿黄生态保护带是郑州西部重要的生态空间，是大力发展休闲旅游业的

“后花园”。

第二，加快推进新型城镇化。随着国家新型城镇化建设全面启动，巩义市建设郑州西部区域性中心城市的工作必将提速。预计在“十二五”和“十三五”期间，城镇化率每年提高2个百分点左右。到2015年，市域总人口达到90万，城镇人口50万，城镇化率达到55%；到2020年，市域总人口达到100万，城镇人口65万，城镇化率达到65%。在战略上，巩义市要按照全域城镇化的理念，以及人口资源环境相协调、经济社会生态效益相统一的原则，以功能区为载体和抓手，科学确定城镇、产业和生态等布局，努力实现生产空间集约高效、生活空间宜居适度、生态空间山清水秀，促进工业化、信息化、城镇化、农业现代化同步发展。巩义市总体功能布局的基本内容是：按照“中部提升、两翼齐飞、南部蓄势、北部开发”的发展思路，将市域划分为提升型发展区、集聚优化型发展区、生态农业及旅游发展区三类功能区。提升型发展区是以现代服务业和先进制造业为主导的发展区域。重点是优化调整产业结构，提高城市承载能力，提升城市功能和品质，形成独具特色的城市山水格局。范围为中心城区。集聚优化型发展区是以先进制造业为主导，将城乡二、三产业进行整合。范围包括西部、东部和南部城镇组群。生态农业及旅游发展区是巩义市的生态屏障，是第一产业与旅游业联动发展的区域，范围包括北部邙岭及黄河滩区、南部山区及西南部现代农业区。

第三，东部三镇组团式发展。巩义市按照河南省委省政府加快推进中原经济区建设发展的要求，围绕建设中原经济区重要的区域性中心城市的总体思路，为了实现产业大跨越、城市大发展，选取东部小关镇、竹林镇、大峪沟镇三镇组团进行发展。东部组团位于郑州与巩义之间，区位优势突出，发展基础较好，集聚扩散和承接延伸作用明显，具有十分重要的战略作用。一是加快建设区域性中心城市的客观选择。巩义市的发展目标是在郑洛之间形成一个具有50万人口规模、功能完善的现代化城市和具有自身特色、较强辐射带动能力、与周边城市优势互补的区域性中心城市。实施东部组团式发展，对外可在与荥阳、上街两地深化合作、协同发展的基础上，着力呼应周边，借势航空港，融入大都市，分担主功能；对内可与以回郭镇为主的西部组团遥相呼应，分别依托东部产业带和西部巩义市产业集聚区，打造东西板块，统筹市域发展，加速全域城镇化。二是推进农业转移人口市民化的现实需要。东部组团耕地少、企业多，群众基本不依靠农业生活，有大量符合条件的农业转移人口需要转为城镇居民。把东部组团作为巩东新区，按照不低于巩义中心城区的标准，统筹基础设施建设和社区建设，推进基本公共服务均等化，必将有效缩小城乡差距，使发展成果更多更公平地惠及全体人民。

六、同城化发展的江西丰城模式

丰城市位于江西省中部，为地级宜春市代管的县级市，是江西省仅有的两个全国百强县之一。改革开放以来，特别是近十年，丰城市经济社会快速发展，这得益于工业化的重点建设、城镇化的大力推进、农业大县的规模优势，而贯穿其中的则是省直管县改革的有利带动和对发展资源的有效配置。党的十八届三中全会明确提出，优化行政区划设置，在有条件的地方推进省直管县改革。丰城市具备进一步深化省直管县改革的条件，它自身的发展也有这种客观需要，所以应当继续推进更大力度的省直管县改革。

（一）省直管县改革推动了丰城市的发展

省直管县改革缘于经济强县发展对权力的需求，缘于缓解县级财政困难的需要，改革总体上有利于发挥省级的调控作用，有利于促进县域经济发展，这在各地发展中已经得到证明。在全球性的政府改革的大背景下，我国也进行了多次以分权为主要内容的行政体制改革，其中最为显著的就是省直管县改革。改革的实践形式主要有强县扩权、扩权强县、财政省直管县、市县分治等。

江西省进入21世纪以后，不断为县域经济发展扩权，2005年对21个国家扶贫开发重点县实行省直管县财政体制改革试点，2007年试点县增加到59个，2009年将全省所有80个县市纳入改革范围。改革的主要内容为“八个到县、二个不变”，即体制基数直接固定到县、收入计划直接到县、基金收入分成直接到县、转移支付及专项资金补助直接下达到县、财政结算直接办理到县、资金调度直接拨付到县、各项债务直接落实到县、财政工作直接部署到县，地级市对县支持不变和统计汇总程序不变。从我们了解的情况来看，江西省省直管县财政体制改革进行得比较好，达到了国家财政部文件的要求。

丰城市是江西省直管县改革重点县，近十年不断进行扩权发展，改革取得很大成绩。2010 年在推进省直管县财政体制改革的基础上，又被确定为全省县域经济发展综合改革 9 个试点县市之一，省直管县改革红利不断释放。丰城市经济总量在江西全省县市中已名列前茅，仅次于南昌县，综合实力明显提升。2012 年在全国县域经济基本竞争力评比中，丰城市位列第 93 位，比 2010 年前移 6 位，实现了“百强再进位”的目标。2010 年至 2012 年，全市生产总值从 240 亿元增加到 318 亿元，增长 32.5%；财政总收入从 27.55 亿元增加到 42 亿元，增长 52.5%。近年来，丰城市经济发展质量明显提升，以五大主导产业为代表的现代制造业，以总部经济、商贸物流、养生休闲为代表的现代服务业，以富硒农业为代表的现代农业蓬勃发展，三次产业结构更趋合理，煤电产业的比重逐年下降，新兴产业快速发展。

丰城市的快速发展与省直管县改革密切相关。省直管县改革使丰城市行政权力、市场权力逐渐增大，并形成合力共同发挥作用。改革激发了资源的有效配置和供给，市管县体制走向弱化，行政治理环境得到优化。由于历史和现实的原因，地级宜春市经济体量不大，谈不上对所代管的丰城市的辐射和带动，反而在一些方面形成牵制，影响了丰城市的经济发展的自主性和干部工作的积极性。目前的省直管县改革，在一定程度上释放了改革红利，促进了县域经济发展。

（二）丰城市再发展需要进一步深化省直管县改革

全面建成小康社会是党的十八大提出的奋斗目标。小康社会不是一个抽象的概念，而是由一系列指标构成。由总体小康到全面小康，丰城市的经济发展还存在比较大差距。经测算，丰城市全面小康的实现程度在 2012 年为 78.17%，而 2011 年，江西省全面小康社会总体实现程度为 79.3%，全国接近 83%。现在丰城市经济总量在江西全省领先，但平均到每一个人，经济发展指标则低于全省平均水平。到2020年与全国同步实现小康，每年要提高2.72个百分点。如果要提前实现，速度则要更快。因此，加快发展速度仍然是丰城市面临的主要问题。我们认为丰城市的再发展，关键在于改革，在于释放改革红利。从丰城市发展阶段、发展条件和发展优势来看，对经济社会带动比较大的就是省直管县改革，从财政省直管向行政省直管过渡。

我们得出以上结论有这样几个方面原因：

第一，“丰昌同城化发展”要求省直管县改革加速推进。2010年江西省政府第61次常务会议审议通过《丰城市城市总体规划（2010—2030）》，要求丰城市利用现有经济基础和区位、交通优势，主动加强与南昌经济对接，加速融入南昌都市圈，实现同城化发展。丰城市距南昌市60公里，距宜春市170公里，随着江西省行政中心南移和丰城市北进，丰城市与南昌市同城化发展条件已经具备。从历史渊源来看，在丰城建县以来的1800年中，归南昌市管辖近1400年，可以说，丰城与南昌地域相接、文化相同、生活相近。同时，丰城市与南昌市同城化发展也是市场经济条件下市场决定资源配置的必然要求。同城化不是同一化、同体化，也不是简单的规模扩张，而是形成辐射力、扩散力与竞争力越来越强的板块经济。从丰城市和南昌市来讲，同城化使城市发展“短处变长、长处更长”，从完全竞争转向区域合作。同城化发展符合国家新型城镇化规划要求，是城市群体系建设的一个关键。在这样的发展态势下，丰城市要加快推进省直管县体制改革，从财政省直管向行政省直管过渡。现在，行政体制与财政体制不协调是影响丰昌同城化发展的最大因素。财政工作由省直接部署，党的领导和行政工作由地级宜春市履行，这种领导体制的不匹配在很大程度上影响了丰城市发展能力的发挥。

第二，经济发展的增长极要求省直管县改革加速推进。丰城市经济实力强、区位条件好、离设区市行政中心较远，已是江西省经济发展的一个重要增长极。从各省区省直管县改革情况来看，大多首先选取经济发展水平相对较高、财政收入规模相对较大的强县，扩权的目的在于进一步促进这一地区的县域经济发展。这一做法虽然带来了不均衡，但有利于将经济强县培育成区域增长极。丰城市被江西省选为全省县域经济发展综合改革试点县，就有这方面的考虑。经济增长总是在增长极先行，呈现出增长的非均衡化，也就是极化效应。区域经济增长理论认为，增长并不是在一切地方同时出现，而是以不同强度首先出现在一些增长点或增长极上，然后向外扩散，并最终对整个经济产生不同的影响。增长极理论主张优先发展具有比较优势的地区和产业，并努力将其培育成增长极。地级宜春市与丰城市的领导与被领导关系，是典型的“小马拉大车”，这种情况不利于丰城市经济增长极的进一步强化。现在丰城市经济发展已进入区域产业分工和区域产业专门化阶段，经济集聚效应日益显著。因此，当前促进县域经济发展迫切需要制度创新，从管理体制上对县域经济松绑，以省直管县进一步改革提高经济增长极的水平和质量。

第三，政府纵向治理结构优化要求省直管县加速推进。纵向行政层级和结构优化，是我国行政管理体制改革的重要内容。在以往的改革中，我们对横向改革比较重视，进展较大，对纵向改革则规划不够，力度有限。从纵向组织结构来看，主要问题在于层次过多，工作效率低下。党的十八届三中全会提出，科学的宏观调控、有效的政府治理，是发挥社会主义市场经济体制优势的内在要求。丰城市现在是全国百强县市、全国超级产粮大县、全国经济社会发展综合先进县市、江西省县域经济综合配套改革试点城市、江西省服务业综合改革城市，从经济总量、区位条件、社会发展等方面来看，已具备省辖市的基本条件。丰城市的改革可以分两步走。第一步是赋予丰城市行使与设区市相同的经济、社会、文化、环保生态等方面的管理权限，实行省级计划单列。省以下垂直管理机构由丰城市委、市政府管理，业务上接受省主管部门指导。第二步是与地级宜春市完全脱钩，全面实行省直管。我们认为，第一步现在就可以操作，第二步在“十三五”上半期完成。

（三）当前丰城市省直管县改革需抓好的几件工作

省直管县与一般的县相比，在被赋予基本职能的同时，又被赋予更多的职能。构建丰城市政府职责体系涉及很多内容，但最核心的是界定职责范围、理顺职责关系。

第一，围绕转变职能来界定职责范围。在推进省直管县改革中，由于体制调整的复杂性，政府职能转变往往落后于改革实践。具体来说，在经济发展方面，要更加注意加强对丰城市发展规划的制定，更加注意加强对市场监管政策的完善。在社会管理方面，要把主要职能转到为广大群众提供更优质的公共服务上来。

第二，通过改革理顺职责关系。要通过科学适宜的原则，合理划分丰城市与上级政府事权关系，为政府职能履行提供依据。

第三，坚持配套改革。省直管县改革不仅涉及事权划分，还涉及人事管理、财政管理、司法管辖等方面体制调整，要综合考虑，确保有效推进。

总之，要加快推进省直管县改革，这样有利于江西全省经济再上一个台阶，有利于丰城市在全省及鄱阳湖生态经济区率先崛起，成为经济发展的重要增长极。

第六篇 城乡发展一体化与省直管县改革

我国城乡二元体制性障碍长期存在，已经成为制约城乡平等发展的突出矛盾。处理好城乡关系，始终是我国现代化进程中面临的一个根本性问题。从统筹城乡经济社会发展的提出，到城乡发展一体化的政策演进，体现出我国现代化发展战略的进一步深化。省直管县改革作为推动县域发展的制度设计，改革的路径和方向实际上处于统筹城乡发展、城乡发展一体化的框架之中，对这一问题的正确认识，有利于省直管县改革的进一步推进，有利于城乡发展一体化的推进。

一、省直管县与城乡发展一体化目标一致

以城乡发展一体化解决“三农”问题，是党的十六大以来统筹城乡发展的总思路，是改革的重要理论成果。城乡关系和城乡差距问题，是我国工业化和城镇化发展阶段存在的问题，统筹城乡发展成为客观要求。关于统筹城乡发展，不仅发展经济学已有一套成熟的理论框架，可以为我国推进统筹城乡发展提供充分理论依据，而且行政改革也在完善中国统筹城乡发展的理论，其中省直管县改革对突破统筹城乡发展中的体制机制性障碍和推动县域经济社会发展发挥了重要作用，已经取得了广受好评的实效。城乡发展一体化是高级阶段的统筹城乡发展，省直管县改革的总目标就是推动城乡发展一体化早日形成。

早在20世纪80年代初，一些研究苏南地区经济发展的学者就开始使用城乡一体化的概念。当时的经济社会背景是，苏南地区乡镇企业异军突起，急需获得计划内的工业资源，但由于计划经济体制下城乡分隔的障碍，乡镇企业无

法得到这些分配，所以就提出城乡一体化的发展要求。[①]比较系统地提出城乡一体化发展是在1983年7月在广州召开的改革开放以来第一次有关城乡发展的学术研讨会上。参加会议的有北京、上海、天津、武汉、沈阳、广州、成都、西安、重庆、哈尔滨、南京、深圳等12个大城市的理论工作者和实际工作者，许多人结合改革开放的形势，提出城乡结合、城乡一体的发展设想，当时主要讨论的是大城市地区城乡一体化问题。[②]这一时期，城乡一体化的内涵更多地体现在城市对农村的支持上。在政策取向上，要求打破相对发达的城市和落后的农村地区相互分割的壁垒，逐步实现生产要素的流动，促使生产力在城市和农村之间合理分布，寻求城乡差距的缩小。

对于城乡一体化发展，当时最大的一个配套政策就是市管县体制推进。现在看来，中央决定推进市管县体制的初衷和理论设计是好的，是与当时改革环境相适应的，在一些地区也发挥了积极作用。但总体而言，市管县体制并未打破重城轻乡、重工轻农的倾向，反而在一定程度上巩固了城乡二元结构。可见，相对简单的城乡一体化提法及政策已经难以解决城乡发展的差距问题，这就需要城乡发展理论的创新。城乡一体化的实质，是要消除由制度因素造成的城乡差距，城乡发展的不平衡。工业化和城镇化提供了消除城乡差距的物质基础，但不能自然地消除城乡差距，实现真正的城乡一体化，必须从破除城乡二元体制开始。

为此，从党的十六大开始，我国走上破除城乡二元体制、统筹城乡发展的城乡发展一体化理论创新和实践创新之路。

第一，党的十六大提出统筹城乡经济社会发展，开启破除城乡二元体制的历史进程。党的十六大后，统筹城乡发展进入制度创新阶段。十六届三中全会把统筹城乡发展作为科学发展观的重要组成部分，摆在“五个统筹”之首，提出要建立有利于逐步改善城乡二元经济结构的体制。这一阶段，继20世纪80年代中央出台五个一号文件以后，从2004年开始中央又连年发布一号文件，

① 参见陆学艺：《城乡一体化的社会结构与实践路径》，《南京农业大学学报》2011年第5期。

② 参见张强：《中国城乡一体化发展的研究与探索》，《中国农村经济》2013年第1期。

将促进县域经济社会发展、向县域放权作为改革的主基调。[①]

第二，党的十七大提出建立以工促农、以城带乡的长效机制，形成经济社会发展新格局。党的十七大以来，中央继续下发一号文件，指导和统筹城乡发展，并总结党的十六大以来城乡一体化发展的经验，有针对性地加大城乡一体化重点领域和地区的建设，特别是加大对全国统筹城乡综合配套改革试验区的政策支持。2008 年 1 月颁布实施的《中华人民共和国城乡规划法》，提出了主体功能区分类和打破行政区域界线进行统筹协调管理的要求，从全国城镇体系和省域城镇体系两个层次，对区域范围内的城镇空间布局、规模和重大基础设施布局等方面加以更为科学的调整，以此促进城乡统筹问题的解决。[②]2008 年，党的十七届三中全会通过了《中共中央关于推进农村改革发展若干重大问题的决定》的纲领性文件，提出始终把着力构建新型工农、城乡关系作为加快推进现代化的重大战略，对统筹城乡发展的制度建设和工作举措作出了全面部署。2010 年，党的十七届五中全会审议通过的《中共中央关于制定国民经济和社会发展第十二个五年规划的建议》明确提出，在工业化、城市化深入发展中同步推进农业现代化是“十二五”时期的一项重大任务，提出要统筹城乡发展，夯实农业、农村发展基础。

第三，党的十八大提出，城乡发展一体化是解决“三农”问题的根本途径，这是理论上的新概括。城乡发展一体化的提出，从理论上讲，是由新阶段中工农关系、城乡关系的内在联系决定的；从实践上讲，是由制约我国农业和农村发展的深层次矛盾决定的。我们认为，城乡发展一体化概念至少有这样两个特征：一是城乡发展内容的全面性。城乡发展一体化将城乡经济社会一体化向前推进一步，其内容由经济社会两方面，扩展到经济、社会、政治、文化、生态五个方面，使城乡一体化内容更加丰富，与中国特色社会主义总体布局相联通。二是城乡发展机会的均等性。城乡发展一体化促进城乡发展机会逐渐

① 2004 年一号文件为《中共中央国务院关于促进农民增加收入若干政策的意见》，2005 年一号文件为《中共中央国务院关于进一步加强农村工作提高农业综合生产能力若干政策的意见》，2006 年一号文件为《中共中央国务院关于推进社会主义新农村建设的若干意见》，2007 年一号文件为《中共中央国务院关于积极发展现代农业扎实推进社会主义新农村建设的若干意见》。

② 改革杂志社专题研究部：《城乡一体化发展态势：2002—2012》，《农业经济研究》（人大复印资料）2013 年第 5 期。

趋向均等，表现为农业与非农业发展机会趋向均等、农村与城市发展机会均等、农民与市民发展机会均等。由此可见，城乡一体化建设已进入深度发展阶段。

关于城乡发展一体化的实现条件，多数学者偏向于工业化、信息化、城镇化、农业现代化的协调发展。在这“四化”中，信息化具有渗透性和支撑性，信息化不仅要和工业化深度融合，而且也要渗透和支持城镇化和农业现代化。当前的状态是，相对于工业化和城镇化的发展水平，农业现代化发展的滞后性在加剧；相对于工业化的发展水平，城镇化的滞后性则在缓解。从区域层面看，呈现出越是经济相对发达地区，其城镇化越是滞后于工业化的格局，而经济相对发达地区的农业现代化则没有显示出明显的发展优势。[①] 从人均 GDP 水平、产业结构状态看，我国目前总体上已到了工业化转型期、信息化提升期、城镇化加速期和农业现代化加快期的发展阶段。在这一时期，除了提升信息化渗透性水平，准确把握工业化、城镇化和农业现代化的协调发展至关重要，对于城乡发展一体化具有决定性的意义。也有学者偏向于城市化决定论，认为城乡一体化只有在城市化水平达到 50% 甚至 70% 以上时，才有可能。还有学者认为，城乡一体化需要工业化基本完成、市场化程度加深、农业现代化初具规模、城乡平等发展体制初步形成后，才能推进。[②] 从城乡发展一体化所处阶段来看，省直管县改革是一个重要支撑，有助于推动县域经济发展，帮助解决“三农”问题。由于它依靠行政体制改革释放红利来推动城乡发展一体化的形成，所以在所有政策因素中，省直管县改革的作用直接、效用更大。

省直管县是在反思市管县体制的基础上，在推进统筹城乡发展、促进县域发展的基础上，逐渐形成的一种地方治理结构。1992 年，我国开始推进省直管县改革，浙江省是实行省直管县体制最早的省份。1994 年实行分税制财政体制改革时，国务院要求“一级政府、一级财政”，也就是说必须实行市管县财政体制。当时，浙江省根据省情及县域发展实际，认为如实行市管县体制会削弱县级的发展，对全省经济所产生的影响弊多利少，于是决定继续实行省直管县

---

① 参见黄祖辉等：《推进工业化、城镇化和农业现代化协调发展》，《中国农村经济》2013 年第 1 期。

② 参见陈伟东、谢正富：《“三个需要”：城乡一体化的经济社会条件分析》，《农业经济研究》（人大复印资料）2012 年第 9 期。

财政体制。由于浙江省没有按中央统一部署办事，国务院领导多次直接找省领导督促更正，省里的压力很大。直到1997年国务院领导发现浙江省是全国从1994年以来唯一不欠工资的省份后才不再对浙江省施加压力。[①]浙江省推进的省直管县，实际上是市场经济深入发展和社会结构深刻演变的产物，它要求主动把权力下放，扩大县域发展的自主权，构建更为有效的治理模式，与之相配套的是政府职能、行政流程、运行机制的结构性变迁，这与城乡发展一体化的客观要求是相符合的。

为了解决县域发展的财政困难，20世纪90年代中后期，在浙江省经验的引领下，一些省份开始推动省直管县改革，广东、安徽、江苏、河北、吉林、江西、辽宁等省份陆续推行以县域扩权为主要内容的改革试点。重庆市从成立之初就实行省直管县体制。湖北省1994年起将荆州地区管辖的仙桃、潜江、天门等市改为省直接管理。河南省从1997年开始逐步对济源市实行省直管模式。改革有效缓解了县域财政困难，对经济发展起到一定的推动作用。

二、省直管县推进城乡发展一体化的主要方面

省直管县改革的推进，首先从破除市管县体制弊端开始，推动县域经济社会的全面发展。市管县体制仅在省会城市和比较大的城市实现了以城带乡发展目标，它没有考虑到地区间的差异性，而是采取了“一刀切”的做法，致使大部分地级市并没有实现预期的目标，城乡不平衡的问题越发突出。[②]省直管县改革可以促进城乡统筹发展，推动城乡发展一体化，这实际上是针对我国城乡二元结构，国家工业化、城镇化和农业现代化所作出的路径选择。

① 参见翁礼华：《县官老爷：解读县史两千年》，浙江古籍出版社2007年版，第197页。

② 参见张占斌主持的《省直管县改革对国家电网公司发展的影响研究》（课题报告），2011年11月。

（一）目前省直管县体制主要落实在财政体制改革上

1. 河北省省直管县财政体制改革效应

2005年，河北省将22个扩权强县纳入省直管县改革试点，2008年将43个产粮大县（市）纳入省财政直管，2009年将64个扩权县（市）和纳入省财政直接管理的产粮大县（市）统一为“省财政直管县”，实行统一的省财政直接管理体制。目前，省财政直接管理的县级行政区已达到92个，占全省136个县级行政区的68%。实行省直管县财政改革后，在维持省、市、县分税制体制框架和规定范围内的合理既得利益的前提下，重新调整省、设区市、直管县的财政收支范围，建立了省与设区市、省与直管县直接联系的财政体制。[①]

表6-1 2005—2009年河北省县级国内生产总值情况表 （万元）

年份	2005	2006	2007	2008	2009
直管县	9247886	10668551	12471042	130905083	137629000
非直管县	49025531	56605317	66647848	30981017	34725800
全省	58273417	67273868	79118890	161886100	172354800

表6-2 2005—2009年河北省县级全社会固定资产投资情况表 （万元）

年份	2005	2006	2007	2008	2009
直管县	5080066	10325040	17162127	25594097	41768195
非直管县	20998296	21086616	21563106	25513912	36441033
全省	26078362	31411656	38725233	51108009	78209228

① 参见伍文中等：《“省直管县”财政体制下县级政府行为倾向及其效应研究——以河北省为例》，《经济研究参考》2011年第32期。

表6-3 2005—2009年河北省县级粮食生产总量情况表 （吨）

年份	2005	2006	2007	2008	2009
直管县	4599199	4991482	4649487	8123075	25978770
非直管县	23813274	24603018	24612355	23239086	7268469
全省	28412473	29594500	29261842	31362161	33247239

表6-4 2005—2009年河北省县级农民纯收入情况表 （元）

年份	2005	2006	2007	2008	2009
直管县	1675	2841	3962	5120	5285
非直管县	4168	4660	5159	5775	4388
全省	3522	3861	4182	4582	4811

省直管县改革成效主要体现在以下几方面：一是省管县的经济总量增长速度大于非直管县乃至河北全省的增速。从表6-1可以看出，2005—2009年，直管县GDP平均增长率为13.6%，快于非直管县8.15%的平均水平，也快于全省平均8.56%的平均水平。二是直管县固定资产投资增速大于非直管县和全省的增速。从表6-2可以得知，2005—2009年，直管县固定资产投资年均增长47.22%，非直管县固定资产投资年均增长16.07%，全省平均为24.5%。三是直管县粮食生产增速大于非直管县。从表6-3可以看出，直管县比非直管县粮食增速要快。四是直管县农民收入增速快于非直管县。从表6-4可以看出，2005年改革开始时，直管县的农民人均纯收入的绝对额少于非直管县，通过几年的改革，到2009年直管县均超出非直管县。

2. 安徽省省直管县财政体制改革效应

1994年分税制财政体制改革后，安徽省实行了省管市、市管县的财政体制。这一体制调动了市县增收的积极性，在一定程度上促进了经济社会事业的发展。但随着县域公共服务支出大幅度增加，市管县体制出现了两个问题。一个是县级财政困难突出。安徽地处中西部地区，县域经济发展缓慢，县级财政供养人员过多，财力与事权不对称。另一个是地级市带动作用难以发挥。安徽省绝大部分地级市经济基础薄弱，市级财政自身困难，不仅不能发挥市带县的作用，还不同程度存在集中县财力的问题。

为此，2004 年安徽省在全国率先实行省直管县财政改革，进一步理顺省以下政府间财政关系。2004 年 1 月，安徽省政府下发《关于实行省直管县财政体制改革的通知》，要求全省 57 个县进行省直管县财政体制改革。改革的近期目标是：力争用三年左右时间，保证县乡工资正常发放和机构正常运转，逐步缓解县级财政的困难。长远目标是：促进县域经济和全省经济的持续协调快速发展，健全财力与事权相匹配的财政分配关系，进而推动行政区划调整和行政管理体制改革。①

现在看来，安徽省近期目标已经很好地完成，远期目标也有所推进。近十年来，安徽省直管县财政改革取得了一些成效。一是初步构建了以省、市县两级财政为主的财政管理体制。安徽省把减少财政管理层级和理顺分配关系作为省直管县财政改革的核心内容，把工作部署及联系等直接延伸到县。同时，结合农村综合改革，全面推行“乡财县管”改革，提高了乡镇财政保障能力。二是增强了县级财政保障能力。财政省直管县改革以后，割断了市对县集中财力和截留省对县下划资金的渠道，增加了县本级收入。省财政通过一般性转移支付、专项补助、税收奖励等措施，不断加大支持县财政的力度，县乡财政保障能力显著提高。三是促进了县域经济加快发展。实行财政省直管县以后，激发了县级加快发展的动力，一批经济强县迅速崛起。

（二）省直管县改革有其政策侧重点

从各地省直管县改革的情况来看，由于经济社会基础条件不同，省直管县改革试点效果也有所不同。省区一般设定的改革目标包括两个方面：一是通过强县扩权或扩权强县，把地级市的经济社会管理权限直接下放给县里，促进县域的发展；二是从财政改革入手，实行省直接管理县的财政体制，加强省级财

---

① 参见石亚军、施正文：《从“省直管县财政改革”迈向“省直管县行政改革”》，《中国行政管理》2010 年第 2 期。

政对县级财政的统筹，用以推进基本公共服务，具备条件的地方可由财政体制省管县向行政体制省管县过渡。从改革效果来看，党的十六大以来的十几年，虽然各省区推进省直管县改革力度不一，但都取得实实在在的成效。如果没有全国层面的省直管县改革，那么县域整体发展就可能不会是现在这个样子——基本公共服务大力推进，民生保障显著提高。

任何一项改革都有侧重点，都有改革的时间窗口，都有改革失衡区，省直管县改革也是这样。有学者发现，省直管县改革后，县域公共物品的供给呈现出重视基本建设等生产性公共物品供给，轻视科教社卫等服务性公共物品供给的局面。这意味着，省直管县改革将更多的财政收支权力下放给县级政府，激发了县级政府推动县域经济发展的积极性，但与之相伴的却是地方政府缺乏内在动力提升基础教育、卫生服务和社会保障等服务性公共物品的供给水平，从而导致了县域公共物品供给结构的失衡。[①]还有学者指出，省直管县引发的县域经济增长，很大程度来源于周围县市。省直管县获得更具吸引力的经济政策，吸入了其邻县的经济活动。因此，这些学者不支持省直管县改革在全国推行。[②]也有学者指出，目前采用的评价省直管县的指标多是直管县 GDP 增长率等，而这样简单的指标无法真实评估其对县域经济活力的影响，更难以排除其他政策和整体经济的影响，因而无法衡量改革的真实效果。而且省直管县的财政改革对中小企业发展的影响可能很有限。[③]还有学者认为，20 世纪 80 年代开始推行的市管县体制，导致大量农村发展资源被吸走，使县域经济长期缺乏发展机会。而在当前城市已经初步成为经济中心的时候，又将县域与中心城市剥离，可能会使县域经济失去发展的“发动机”，城市经济反而因脱离县域的“包袱”快速发展。因此，看待省直管县体制改革与其替代改革方案之间的优劣利弊，需要从现实出发，视各种条件是否具备而定。从改革的时间窗口看，尤其是借鉴浙江省直管县改革经验，最好的时间可能已经错过。[④]省直管县改革的首要目

---

① 参见刘佳、吴建南、吴佳顺：《省直管县改革对县域公共物品供给的影响》，《经济社会体制比较》2012 年第 1 期。

② 参见郑新业、王晗、赵益卓：《“省直管县”能促进经济增长吗？》，《管理世界》2011 年第 8 期。

③ 参见李戈：《“省直管县”对中小企业影响的实证分析》，《山东科技大学学报》2012 年 2 月。

④ 参见翟校义：《“省直管县”改革影响因素分析》，《北京行政学院学报》2013 年第 3 期。

的是改善县域发展环境，促进经济社会发展。从一些省区来看，存在省直管县改革引发县域公共物品供给结构失衡的现象，这一现象会随着中央、省里对县级转移支付量的增加，随着县一级对民生的重视，逐步得到解决。省直管县改革效应吸引邻县发展要素的情况也是存在的，但我们更愿意从市场经济发展的角度来理解这一现象。至于对中小企业的影响上升不到普遍性。中央推动省直管县改革的要求，是具备条件的地方率先减少行政层次，不可能在全国搞一种模式，一刀切。

三、省直管县改革应在城乡发展一体化框架之中推进

党的十八大报告提出，优化行政层级和行政区划设置，有条件的地方可以探索省直管县改革；还提出了推动城乡发展一体化，并对此作出具体部署，即工业化、城镇化、信息化和农业现代化协调发展。按照我们的理解，省直管县改革应在城乡发展一体化框架之中推进，制度设计应有利于城乡发展一体化的形成。

（一）省直管县改革要有利于城乡发展一体化的推进

推进省直管县改革，一要大力推动城乡基本公共服务均等化。一个现实可行的选项是，国家尽快出台基本公共服务全国最低标准，明确中央、省、市县的功能定位。中央和省级政府应发挥再分配的功能，侧重区域协调、费用分担、转移支付的责任。市县侧重组织落实。要在投入上继续加强农村基础设施建设，注重各类设施的衔接配套，健全管理、运营和维护机制，逐步提高标准和水平。要继续完善农村社会保障制度，以增强公平性、适应流动性、保证可持续性为重点，逐步实现城乡制度并轨、水平标准统一。二要加强城乡整体协调发展的设计。要把城乡发展作为一个整体来考虑，不能设定两个标准、实施两种政策、搞成两种待遇。省直管县改革要完善城乡发展一体化体制机制，着力在城乡规划、基础设施等方面推进一体化，促进城乡要素平等交换和公共资源均衡配置，形成城乡一体的新型工农、城乡关系。农村要发展，城

市也要发展；农业要发展，工业也要发展，但由于资源、技术、人才、资金、市场等条件不同，城乡之间的发展是不平衡的。因此，一体化不能理解为城乡整齐划一、齐头并进。总之，要创造出城市与乡村在不同的起点上都又好又快发展的新局面。

（二）省直管县改革要有利城镇化的发展

推进省直管县改革，一要推进均衡城镇化的发展。均衡城镇化是指大中小城市发展要协调，要有利于提高城镇化整体质量。当前发展城市群有利于缓解人口、产业和优质资源向大城市过度集中造成的人口膨胀压力，有利于在发挥核心城市辐射带动作用的同时，增强城市群中中小城市的吸引力。城市群是国家和地区的经济中枢，城市群的建设将是新一轮城镇化的重要走向。城市群中的地级市要努力打造成有特色的增长极。省直管县改革要有利城市群的形成，注重发挥县城的节点作用。从长三角、珠三角城市群来看，县城与大城市形成了架构合理的城市群体系，加快了县域的发展，提升了县城的品质。我国现在仅有 650 多座城市，这难以满足工业化和城镇化发展要求，必须增加城市总量，才能有效地解决发展的需求。我们认为，在 2020 年前把城市总量扩展到 1000 个是完全可以实现的。这其中潜力最大的，就是东部地区的中心镇、中西部地区的县城和重要边境口岸。二要注意县域产业的规划。目前我国有 1.6 亿多外出的农民工，其中 6 成多在地级市以上城市，2 成多在县级城市，不到 1 成在小城镇。这种分布是我国产业规划政策的体现，即大中城市综合产业规划造成了“大而全”的产业结构，挤压了县城和小城镇的产业发展空间。由于大中城市处于强势的地位，县城就失去了很多发展的机会。要结合省直管县改革，把一些适合在县发展的产业布局在县域，促进农村人口就近向城镇集聚。三要进行县域工商登记改革。为推进城镇化发展，加快培养市场主体，应按党的十八届二中全会精神，全面推进县域工商登记改革。要降低市场准入门槛、放宽登记条件；要设计简便程序，方便当事人申请；要对城镇合作经济、农民合作社、个人小型企业，农民在城镇办的商户等经营主体一律放宽经营场所、注册资本的相关规定。

（三）省直管县改革要有利现代农业的推进

推进省直管县改革，一要鼓励农业大县安心农业生产。国家对农业大县的发展一直高度重视，给予省直管县改革政策支持。我们建议国家逐年核销粮食主产区政府因执行中央粮食政策而累积的银行债务，探索、建立粮食安全补偿机制，通过财政转移支付，向粮食主销区收取补偿金，给粮食主产区以补偿，主产区多调多得，将这部分资金作为专项资金，重点用于改造和完善粮食生产发展的基础条件。要通过省直管县改革对农业大县加大转移支付，鼓励它们发展农业、多生产粮食。二要完善农业基础支撑体系。要充分利用省直管县体制机制的作用，多方面支持县级不断夯实基础设施、装备条件、科技进步、人才队伍等现代农业发展的基础支撑。要重点加强农业基础设施建设，改善农业生产条件，大规模开展高标准农田建设和中低产田改造，推进种养业生产设施建设和更新改造，优化农机装备结构，加强农业信息化建设。要大力实施人才强农战略，加快培养新型职业农民。三要完善现代农业产业体系。大力发展农业产业化和农产品加工储运业，鼓励和引导农民发展专业和股份合作，完善龙头企业与农民、合作社的利益联结机制，实现龙头企业、合作社与农民共同发展。四要完善新型农业经营体系。引导农村土地承包经营权有序流转，发展多种形式的适度规模经营。大力培育种养大户、家庭农场、农业社会化服务组织等新型经营主体。

第七篇 省直管县改革的思路、方向和建议

省直管县改革与新型城镇化发展相结合是新的改革实践，省直管县改革的政策要有利于新型城镇化的发展，要自觉纳入到新型城镇化发展的框架之中。当前，要加快建立有利于县域城镇化发展的体制机制。

一、省直管县改革的总体推进思路

一条主线：通过省直管改革，促进县域新型城镇化的发展，对具备行政区划调整条件的县撤县设市，把有条件的经济发达镇发展为中小城市，引导农业转移人口就近就地城镇化。撤县设市和经济发达镇发展成小城市是县域城镇化的一条主线。我们认为，应以省区为单元确定撤县设市和镇改市的标准。考虑到我国省域发展的差别，各地城镇化发展水平不一，可在《国家新型城镇化规划（2014—2020年）》的总体规划指导下，确定未来一段时间一省区撤县设市和镇改市的数量。每一省区结合自身经济、社会、文化、生态发展要求，本着指标设置区域性原则，自行设定撤县设市和镇改市标准。在标准上，各省区可以考虑以经济指标为主，也可以考虑以人口指标为主，还可以考虑以县域文化旅游特色为主。全国不必使用统一指标，以便突出城镇化发展的特色。这是使农业转移人口就近就地城镇化最有效的办法。

一个目标：以城乡发展一体化为目标，让广大农民平等参与现代化进程，共同分享现代化发展成果。提高现代农业对城镇化的支持能力，科学规划县域村镇体系。城乡发展一体化的有效推进是我国未来经济社会发展的重要战略任务之一。城乡发展一体化的首要一点是推进城乡公共服务均等化，让农村成为

农民安居乐业的家园。要引导土地经营权规范有序流转，创新土地流转和规模经营方式，积极发展多种形式适度规模经营，提高农民的组织化程度，这对发展现代农业至关重要。要建立兼顾国家、集体、个人的土地增值收益分配机制，合理提高农民的收益。要主动适应农村实际、农业特点、农民需求，不断深化农村金融改革创新。要综合运用财政税收、货币信贷、金融监管等政策措施，推动金融资源向“三农”倾斜。要完善县域村镇体系规划和村庄规划，强化规划的科学性和约束力。

一个重点：重点提高县级财力保障能力，提高粮食生产大县转移支付比例。要按照国务院和国家财政部文件的要求，进一步调整和完善县级财力保障机制，明确省级政府是责任主体，将责任主体由地方部门上升到省级政府。下一步改革要把省直管县财政体制改革与建立县级基本财力保障结合好，省级政府要加大宏观调控力度，将财政体制核定到县、转移支付测算到县，把已出台的省直管财政体制制度化。要确保国家粮食安全，提高粮食生产大县转移支付比例。

二、省直管县改革的未来方向

改革开放以来，一些省级行政区在省直管县方面进行了一些改革和探索，对促进县域经济发展和行政区划改革发挥了积极作用。根据党的十八大、十八届三中全会精神，以及近几年省直管县改革的实践经验，我们认为，未来省直管县改革有以下几个方向。

（一）继续在减少行政层级上进行探索

党的十八大、十八届三中全会提出，要优化行政层级和行政区划设置，有条件的地方可以探索省直管县改革。按照这一要求，未来省直管县改革还将继续在行政层级和行政区划方面进行探索。

一是制定省直管县的原则和标准。放眼世界其他国家，除梵蒂冈、新加坡等少数领土面积小的国家不设地方政府，以及少数国家只设一级地方政府外，大多数国家的行政层级都实行两级制或三级制。就主要地理大国的行政层级设置而言，世界上国土面积前10位的国家，除中国和印度实行四级制外，其他国家都实行两级制或三级制。从行政体制改革的角度来看，现在国家就应着手研究制定不同层级设置的基本条件，确定在什么条件下实行两级制、三级制或四级制，为各地行政层级设置提供基本依据。省直管县是行政区划改革的一个重要方面，国家要出台省直管县行政体制改革指导意见，内容包括经济指标、人口结构、空间布局以及特殊条件等，要对那些综合经济实力强、城市化水平高、区位条件优越、可以发展成中等城市的县市加快推进省直管县改革。推进行政省直管县体制首先应从综合实力强的县市开始实行，以便强化其行政地位，使之与经济社会地位相符，为经济发展提供更为宽松的环境。

二是探讨直管县行政等级的安排。我国地域广阔，县市众多且规模不一，条件差异十分显著，给国家管理地方带来诸多困难。为解决这个问题，我国历史上多实行县级分等管理。中华人民共和国成立以后，县级分等基本被取消，国家通过增加行政层级，减少管理幅度来应对不同县的复杂状况。这在中华人民共和国成立后一定时期内是适用的，稳定了政权。但历史进入了新的时期，随着国家政权稳定，特别是随着国家现代化建设取得巨大进步，以及信息技术在政府管理中的广泛应用，减少中间层级、结构形态扁平化、权力均衡分布，逐渐成为行政体制改革的方向。省直管县改革强化了县市的行政地位，但县市依然是县级行政区。为了保持行政级别或者人员编制安排上的连续性及系统性，有必要对省直管的县实行分等管理。依据人口、经济、地理等状况将县市划分为不同等级，然后设置相应的机构和编制。分等的一个主要作用在于合理确定各等级县市可设机构与自设机构的数量和范围，避免不同等级县市出现“麻雀虽小，五脏俱全”的机构设置模式。另外，县市分等也有利于协调不同政府间的关系。在横向关系方面，通过县市分等，运用等级升降和与等级挂钩的级别工资等政策，激发各行政主体的荣誉感，满足部门利益的需要，从而建立行政管理体制的激励机制和竞争机制。在纵向关系上，县市分等可以强化中央对地方的管理，提高管理效率，通过市县分等帮助中央和省级政府及时了解基层县市的基本状况，并给予相应的政策支持与政策指导。

（二）继续完善和落实省直管县财政体制

省直管县财政体制改革是1994年分税制后，我国财政领域又一次体制创新。从一些省区的数据来看，县市财政得到省级财政支持的力度明显上升，财政资金运转效率显著提高。但由于和现行市管县行政体制并存，单独推进省直管县财政体制改革，已经没有多大的改革空间。按照国家财政部给出的时间表，设定在2012年年底前力争在全国除民族地区外的范围内，全面推进省直管县财政体制改革。现在看来，这一任务没有很好地完成。种种迹象表明，省直管县财政改革的推动节奏正在放慢，部分省份正在将一些省直管县的转移支付项目重新划归给地级市。按照党的十八届三中全会财政体制改革的要求，省直管县财政体制改革应该完善和落实以下几个方面。

一是合理界定省与县市政府间的事权关系。事权划分是现代财政制度有效运转的基础。只有在明晰政府间事权界限的基础上，才能界定各级政府间的支出责任。为省直管县财政体制构建明晰的事权与财权关系，解决目前政府职能定位不够明确，政府间事权划分不清晰，财政支出责任不明确的问题，要将省以下地方财政的主要职能转移到地方政府为辖区提供公共服务上来。省级财政主要负责区域性的经济结构调整、环境改善、中观目标的调控、省级机关的职能运转等地方性支出项目。市、县政府具体负责各自辖区范围内的社会治安、行政管理和公用事业发展等具体支出事宜。

二是完善县级基本财力保障机制。2013年12月，国务院办公厅转发财政部《关于调整和完善县级财力保障机制的意见》，这是对省直管县财政体制改革的进一步完善。此前虽然规定实施县级财力保障机制的责任主体是地方政府，但没有明确是哪级财政。这次文件明确了省级政府是责任主体，将责任主体由地方部门上升到省级政府，体现了强化省直管县责任的理念。下一步改革要把省直管县财政体制改革与建立县级基本财力保障结合好，省级政府要加大宏观调控力度，将财政体制核定到县、转移支付测算到县，把已出台的省直管县财政体制制度化。

三是设计好地方税制。在财税体制改革中，设计好地方税制是一项重要工作。设计好这一体系，均衡和调控地方各级政府的收入来源与支出需求间的关系，是保证省直管县财政体制改革有效推进的重要举措。合理划分各级政府之间的收入范围及征管权限。分别设置省税和县税，将税基较广、收入稳定、流动性不大的税种作为县级政府的主体税种，改变共享税过多和县级没有主体税的局面。

四是进一步支持产粮大县发展。产粮大县在确保国家粮食安全上发挥重要作用。例如，2009 年全国有产粮大县 573 个，占全国县总数的 20%，产出粮食 32380.3 万吨，占全国粮食总产量的 61%。提高产粮大县生产粮食的积极性，确保稳定生产粮食，对于我国粮食安全意义重大。进入 21 世纪以来，国家先后出台一系列支持产粮大县政策。2009 年中央一号文件提出，要逐步提高县级财政在省以下财力分配比重，将产粮大县全部纳入省直管县财政体制改革范围。这一政策有效缓解了产粮大县的财政困难，支持了经济社会发展，收到了很好的政策效果。但现在看来，省一级的支持力度还不够大，省直管县改革对产粮大县下一步会出台一些更有针对性的专项扶持政策，充实其财政实力，支持其经济社会发展，使之更有积极性发展粮食生产。

五是把国家级贫困县纳入省直管。国家级贫困县是国家为扶持贫困地区所设立的，目前全国差不多每 3 个县中就有 1 个贫困县。习近平总书记多次指出，要改革创新扶贫开发体制机制，建立并运用好更加协调、更有效率、更可持续的扶贫开发新体制、新机制，不断提升扶贫开发的效果。现在扶贫开发存在的问题，在政策体系上主要是各级政府职责不够清晰、边界不够明确、执行不够有力等。我们在研究省直管县财政体制对发达县市实行直管的同时，认为也可以对贫困县实行直管，以便给予贫困县必要的财政或资金扶持。这是省直管县改革支持的一个新领域，社会各界充满期待。

（三）促进新型城镇化发展

城镇化是现代化的必由之路，推进新型城镇化是党和国家在经济社会发展新阶段的一项重大战略部署，省直管县的改革要顺应和支持城镇化的发展。一是促进县城的发展。相对于大中城市，县城属于小城市或城镇，是城乡一体化的基础和关键环节，是农村城镇化的重要载体。《国家新型城镇化规划（2014—2020年）》提出，要优化城镇规模结构，增强中心城市辐射带动功能，加快发展中小城市，有重点地发展小城镇，并把加快发展中小城市作为优化城镇规模结构的主攻方向。就是说，新型城镇化发展要实现依托大城市推进城市化与依托县城推进农村城镇化并重，发展以大都市圈为特征的“网络发展式”城镇化与以县城为依托发展中小城市的“据点发展式”城镇化同步，县域的城镇化要走适当集中之路。省直管县与市管县相比，总体上有利于县域的发展，特别是县城的发展。这是因为省级政府会站在全省发展的角度，注意城市和农村发展的平衡，有效配置资源支持农村。在这一过程中，由于工业化、城镇化的推进，县城得到快速发展。我国大多数县城经过改革开放以来的发展，已经有了较好的城市基础设施和产业基础，依托县城发展中小城市可以解决农业转移人口进城的适应性问题，特别是可以降低城镇化成本，可以减轻农民工大规模异地流动带来的社会代价。从政策走势来看，省直管县改革与城镇化发展进一步融合，推进县城快速发展是新型城镇化的一个重要方向。二是促进资源向县域集中。县城作为城市和农村的连接点，一般来说，资源集聚能力较弱。主要原因是城镇依据行政区划设置，公共资源也按城镇级别进行分配，导致县域发展资源不足。改变按城镇级别配置公共资源的方式，已成为改革的明确方向。党的十八届三中全会提出，对吸纳人口多、经济实力强的镇，可赋予同其人口和经济规模相适应的管理权。要更新理念，按照基本公共服务均等化的要求，通过公共财政支出、金融支持、制度创新等，使县域能够配置更多公共资源和市场资源。三是促进过剩产能的有效化解。当前经济发展已进入县域经济应当发挥更大作用的阶段。由于经济梯度发展的规律，大城市的过剩工业产能，正在向县城转移。省直管县改革要在政策上，有效支持大城市过剩产能落地县域，特别是县城，在土地、金融、税收等方面要给予支持。县域化解大城市过剩产能，这是一个新的课题，应引起高度重视。

（四）促进主体功能区的形成和完善

国家主体功能区是以县级行政区划建制为单位自上而下划定的。按照主体功能区发展的基本诉求和客观趋势，适当调整行政区划，有利于主体功能区的形成，有利于开发保护。今后，主体功能区发育的可能性成为行政区划重组或划分的重要依据。省直管县改革对形成主体功能区的促进作用，主要体现在以下几个方面：国家财政政策，将主要增加对限制开发区、禁止开发区的财政转移支付，支持其提高公共服务和生态环境保护，逐步使当地居民享有均等化的基本公共服务。投资政策，主要支持限制开发区、禁止开发区的公共服务设施建设和生态环境保护，支持重点开发区的基础设施建设。产业政策，重点引导优化开发区提升产业结构层次。当前，省直管县改革对主体功能区形成的促进作用，主要体现在限制开发区和禁止开发区方面。一是对于限制开发区实行省直管体制。鼓励人口向县城集中、向中心镇集中，从维护大范围生态安全，缓解资源环境的承载力出发，构建有利于生态环境修复和保护的行政区划体制。有重点地发展本地基础较好的中心村和小城镇，完善基础设施和公共服务，大力改善人居环境。二是对于禁止开发区实行全面省直管体制。按照生态环境和自然保护区发展的特殊要求，整合县级行政区规模。有序引导人口外移，逐步减轻资源环境压力，保护生态环境。控制城市外延扩张。引导人口向县城和城镇集中，尽量减少无序分散的农村居民点。

三、省直管县改革促进新型城镇化发展若干建议

（一）有选择地推进省直管县改革

当前，我国城镇化呈现非均衡发展状态，东部地区城镇化率已超过 60%，中西部地区城镇化率尚未超过 50%，今后一段时期，东中西部城镇化发展将表现出差异，东部地区将进一步提高城镇化质量，中西部地区将会保持较高的速度。省直管县改革推进与各地城镇化进程高度相关。一是对处于城市群范围内的县（市）暂不考虑实行省直管县改革。我国已经形成长三角、珠三角、京津冀三个国家级城市群，辽东半岛、山东半岛、长株潭、成渝、中原等有一定规模的城市群，区域经济一体化进程显著加快。《国家新型城镇化规划（2014—2020 年）》明确提出城市群发展战略，指出城市群是新型城镇化的重要实践方

式。城市群经济主要是以城市为纽带的区域经济，建议处于城市群范围内、增长极作用发挥得好的城市，维持市管县体制，这对于壮大城市群、促进城乡发展一体化是必要的。条件成熟时，可考虑把近郊县、镇乡全部或部分转为市辖区，以拓展新的发展空间。二是对“小马拉大车”的地区应加速推进省直管县改革。对于地级市带动作用发挥不够，而县域经济发展较好，而且具备行政区划改革空间的经济强县，可加速推进省直管县体制。通过减少行政层级，赋予县级更多行政权力，把县发展成中小城市，进而成为增长极。三是对农业大县加速推进省直管县改革。在东北地区、中西部地区的农业大县对于保障国家粮食安全发挥着重要作用。这些县经济大多以农业为主，工商业没有形成规模，财税收入增长不快。应通过省直管县改革，增加中央和省级转移支付的支持，加速其现代农业的发展。

（二）加快推进设市工作

当前，我国正处于城镇化快速发展时期，城镇化的快速推进对我国的经济结构、社会结构、产业结构等方面产生了深刻的影响。设市工作是直接影响城市经济社会发展和城镇化进程的重要因素，应当着力推进。这样做的原因有两个。一是经济强县进一步发展的客观需要。目前看来，我国行政区划管理已经滞后于城镇化的发展要求，需要进行调整和完善。在我国城镇体系结构规模中，直辖市数量明显偏少，地级市数量相对适中，县级市数量较少，而且分布不匀，是城镇体系中最薄弱的部分。随着强县扩权，特别是省直管县改革的推进，大县、强县、特色县城镇化发展的要求越来越迫切，建议以试点省区省直管县改革为契机，加快推进设市工作。省直管县改革需要行政区划改革的配合，无论是整县改市还是切块设市，都是城镇化发展的客观需要。二是经济发达镇城镇化发展的需求。沿海开放地区部分特大镇已具有设置城市的基本条件，镇级管理体制已经严重制约了经济社会发展。从我们掌握的情况来看，特大镇的经济规模远远超出一部分中西部地级和县级市，但从镇人员的编制到行政职能，以及实际承担的城镇管理、教育、卫生、社保、社会治安等公共服务，还停留在农村乡镇水平。建议国家启动经济强镇设市工作，使城市设置与城镇化发展需求相适应。

（三）促进具备条件的县城向中小城市发展

省直管县改革对县域城镇化的作用，首先表现在县城。经过十多年省直管县改革，县城的城镇化建设有了很大提高。《国家新型城镇化规划（2014—2020年）》提出，要优化城镇化布局和形态，促进大中小城市和小城镇协调发展，把有条件的县城发展为中小城市，这说明县城的发展是新型城镇化建设的重点。我国有数量众多的县城具有发展成为小城市的基础和潜力，它们具有吸纳农村人口市民化的特殊优势。为此，应该把县城作为加快中小城市发展的突破口，通过省直管县改革的全力扶持，推动县城的城市化。县城的发展，资源集聚是必要的条件。通过省直管县改革，促进县城发展，最关键的是提高资源的集聚能力。一是改革按城镇级别配置公共资源的方式。要更新城镇发展理念，按照基本公共服务均等化的要求，通过公共财政支出、金融支持、制度创新等，使中小城镇能够配置到更多公共资源。国家基本建设投资可以适度向中小城镇倾斜，改善中小城镇的基础条件和发展环境，提高其资源集聚能力。二是拓宽社会资本参与中小城镇建设的渠道。引导社会资本流向中小城镇，有效缓解中小城镇建设面临的资金短缺困难。以工促农，转变农业经营方式，推动城乡发展一体化。落实有关法规政策，鼓励建立中小型金融机构，畅通社会资本投入中小城镇建设的渠道。

（四）重视农业转移人口就近就地城镇化

目前，城镇化的发展主要有两种模式：一种是农村剩余劳动力进入大中城市；另一种是就近就地城镇化，即农村剩余劳动力不向大城市转移，而是以中小城市及小城镇为依托，通过发展生产增加收入，通过发展社会事业过上和城市人一样的生活。就近城镇化和就地城镇化，是我国当前城镇化发展客观存在的一种模式，与其他模式并行不悖。中央城镇化工作会议后，各地都在进行农民市民化的探索，其最终目标都是要使农民实现从传统农村生产生活方式向现代城市生产生活方式的转变。事实上，农民市民化的路径不仅包括农民工在大城市的市民化，也包括在中小城镇，特别是县城就近就地城镇化的多种模式。就近就地城镇化，对于当前我国城镇化的发展具有非常重要的意义。我国农村聚集的人口本来就很多，在乡镇企业长期发展的情况下，农村许多地区具备了形成现代产业体系的条件。因此，农民市民化不一定要通过人口迁移来实现，如果中小城市和小城镇有产业发展，农民能在那里就业，还能享受城市的生活功能，这就是城镇化发展。另外，就近就地城镇化发展，也是对“双转移”趋势的回应。

（五）继续完善和落实省直管县财政体制

按着党的十八届三中全会财政体制改革的要求，省直管县财政改革有这样两个方面应该完善和落实。一是合理界定省与县市政府间的事权关系。事权划分是现代财政制度有效运转的基础。只有在明晰政府间事权界限的基础上，才能界定各级政府间的支出责任。要为省直管县财政体制构建明晰的事权与财权关系，解决目前政府职能定位不够明确，政府间事权划分不够清晰，财政支出责任界定不足的问题。将省以下地方财政的主要职能转移到地方政府区域性公共职能和为辖区提供公共服务上来。省级财政主要负责区域性的经济结构调整、环境改善、中观目标的调控、省本级机关的职能运转等地方性支出项目，以完善中观调控，承上启下增强行政活力与效能。市、县政府具体负责各自辖区范围内的社会治安、行政管理和公用事业发展等具体支出事宜。二是设计好地方税制。在财税体制改革中，设计好地方税制是一项重要工作。设计好这一体系，均衡和调控地方各级政府的收入来源与支出需求间的关系，是保证省直管县财政体制改革有效推进的重要举措。合理划分各级政府之间的收入范围及征管权限，分别设置省税和县税，将税基较广、收入稳定、流动性不大的税种作为县级政府的主体税种，改变共享税过多和县级没有主体税的局面。

参考文献

一、著作

1. 戴均良：《城乡大转型时期的思考》，中国社会出版社 2006 年版。
2. 戴均良主编：《行政区划与地名管理》，中国社会出版社 2009 年版。
3. 范今朝：《行政区划体制与城乡统筹发展 —— 以浙江省当代改革为例》，东南大学出版社 2013 年版。
4. 贺曲夫：《县下辖市与推进自治》，中国经济出版社 2012 年版。
5. 洪银兴、刘志彪等：《三农：现代化的现代途径》，经济科学出版社 2009 年版。
6. 康国结、孙林主编：《黄金十年：党的十六大以来强农惠农富农政策轨迹》，中国农业出版社 2012 年版。
8. 刘君德等编著：《中外行政区划比较研究》，华东师范大学出版社 2002 年版。
7. 刘福刚编著：《县域统筹与统筹县域》，中共中央党校出版社 2012 年版。
9. 李苗：《县域城镇化问题研究》，经济科学出版社 2012 年版。
10. 马斌：《政府间关系：权力配置与地方治理 —— 基于省、市、县政府间关系的研究》，浙江大学出版社 2009 年版。
11. 孙学玉：《垂直权力分合：省直管县体制研究》，人民出版社 2013 年版。
12. 魏后凯主编：《走中国特色的新型城镇化道路》，社会科学文献出版社 2014 年版。
13. 王振中主编：《中国的城镇化道路》，社会科学文献出版社 2012 年版。
14. 谢守红：《中国县级市发展报告》，中国财富出版社 2013 年版。
15. 徐绍史：《国家新型城镇化报告（2015）》，中国计划出版社 2016 年版。

16. 中国城市经济学会中小城市经济发展委员会编：《中国中小城市发展报告（2013）》，社会科学文献出版社 2013 年版。
17. 中国行政管理学会主编：《政府层级管理》，人民出版社 2009 年版。
18. 中国行政体制改革研究会研究部编：《行政体制改革新观察》，国家行政学院出版社 2014 年版。
19. 赵聚军：《中国行政区划改革研究》，天津人民出版社 2012 年版。
20. 中央农村工作领导小组办公室编著：《小康不小康、关键看老乡》，人民出版社 2013 年版。
21. 张占斌：《省直管县体制改革的实践创新》，国家行政学院出版社 2008 年版。
22. 张占斌主编：《中国省直管县改革研究》，国家行政学院出版社 2011 年版。
23. 张占斌：《解析新型城镇化》，经济科学出版社 2014 年版。
24. 张占斌：《改革红利再释放》，生活·读书·新知三联书店 2014 年版。
25. 张占斌主编：《中国新型城镇化健康发展报告（2014）》，社会科学文献出版社 2014 年版。
26. 张占斌主编：《中国新型城镇化健康发展报告（2016）》，社会科学文献出版社 2016 年版。

二、论文与报告

1. 董金秋、刘爽：《中国小城镇发展的角色困境及对策思考》，《华中农业大学学报》2013 年第 6 期。
2. 高传勇：《省直管县（市）体制改革的内在逻辑与当下操作》，《改革》2013 年第 11 期。
3. 黄振华、万丹：《农民的城镇定居意愿及其特征分析》，《经济学家》2013 年第 11 期。
4. 李强：《主动城镇化与被动城镇化》，《西北师大学报》2013 年第 6 期。
5. 刘奇洪：《“镇改市”：中国新型城镇化主要方向》，《中国经济报告》2014 年第 11 期。

6. 孟白:《省直管县试点调查》,《改革内参》2013 年 10 月 18 日。
7. 苏东坡:《新型城镇化与行政区划调整的或然走向》,《改革》2013 年第 12 期。
8. 石忆邵、杭太元:《我国城乡一体化研究的近期进展与展望》,《同济大学学报》2013 年第 6 期。
9. 苏州市吴江区行政学会:《深化盛泽镇行政管理体制改革的若干思考》,《中国行政管理》2013 年第 8 期。
10. 王开泳:《城镇化进程中的行政区划改革》,《行政管理改革》2013 年第 5 期。
11. 王利月:《近年来省管县体制改革研究选择》,《浙江学刊》2011 年第 5 期。
12. 徐兰飞:《观察省直管县体制改革的政策视角》,《中国机构改革与管理》2014 年第 8 期。
13. 肖庆文:《省直管县体制改革的政府行为差异与推进策略选择》,《中国行政管理》2011 年第 9 期。
14. 殷广卫、蒋文广:《基于县级城市的城乡一体化是我国城市化道路的一种政策选择》,《中国软科学》2011 年第 8 期。
15. 杨宏山:《"省管县"体制改革:市县分离还是混合模式》,《北京行政学院学报》2013 年第 6 期。
16. 于建嵘:《中国的县政改革实践:困境与出路》,《中国延安干部学院学报》2011 年第 1 期。
17. 朱善利:《论中国城乡一体化的逻辑》,《中国市场》2013 年第 7 期。
18. 迟福林:《城镇化背景下的省直管县改革》(课题报告),2010 年。
19. 国家发改委城市和小城镇改革发展中心:《我国设市问题研究》,《优化行政区划设置课题研究成果汇编》(课题报告),2014 年 3 月。

附　录

关于省直管县体制改革的若干问题
——接受德国杜伊斯堡-埃森大学苏珊·罗尔博士专访

一、省直管县改革的现实背景

苏珊（德）：请问张教授，中国推进省直管县行政体制的现实背景是什么？省直管县改革在中国行政体制改革中处于怎样的位置、改革目标怎样设定？

张占斌：感谢你对中国问题的关注，很高兴回答你的问题。推进省直管县行政体制的现实背景，从大的角度来讲，是中国改革推进的结果。一方面，由于中国全面建设小康社会进入新阶段，国家发展由非均衡发展向均衡发展过渡，统筹城乡发展被提上国家日程。在省直管县体制与市管县体制比较中，在现有的国情和发展阶段，省直管县体制总体上更利于统筹城乡发展，更利于县域的发展。统筹城乡发展是一国现代化建设的规律性选择，也是中国进入工业化中期后的一种适应发展阶段变化的制度安排。省直管县体制相对市管县体制，更加有利于工业反哺农业、城市支持农村，更加有利于公共资源在城乡均衡配置、生产要素在城乡之间自由流动，更加有利于推动城乡经济社会发展融合、发展成果让人民特别是农民共享。也就是说，省直管县改革是对统筹城乡发展的促进，在制度上克服了市管县体制的弊端，在城镇化加速发展时期也会兼顾县域的发展。另一方面，改革开放以来，市场权力逐渐强大，县这一层级需要与之相适应的政府权力来推进经济社会更好更快发展，也就是需要政府与市场形成合力共同发挥作用，以提高经济社会发展效率。这就形成了对权力的内在需求，客观上推动了省直管县改革。这是中国经济社会发展的一个特点，这一特点与克服市管县体制弊端相比，对于县这一层级追求省直管县动力的更大。还有一个方面，可能大家关注不够，省直管县改革其实是中国城镇化道路的选择。中国城镇化面临区域发展不平衡的约束，工业化、城镇化水平参差不齐，资源禀赋分布差异很大，区域环境承载能力强弱不均。东部地区人口密度高，经济相对发达，西部地区地广人稀，经济欠发达。中国城镇化不能像西方一些国家那样，在城镇规模结构上单一发展大城市或小城镇，在城镇空间布局上片面集中某些地区或发展某种模式，中国只能坚持多元形态，走大中小城市和小城镇相互协调和多样化发展城镇化道路。一段时期以来，我们在这一结合上还存在不少问题。在城镇化政策上有一种倾向认为，大城市带动性大，是城镇化的方向。从理论和经验上来看，这种观点有道理，但需要考虑实际路径是怎样的。我国是地域广阔的人口大国，城镇化发展还有巨大的空间，在发展特大城市，中小城市和小城镇问题上，也要实事求是，要充分考虑中国区域发展不平衡的现实。因此，省直管县改革就是对这一城镇化发展模式的修正，在发展布局上兼顾中小城市，特别是县城的发展。这对于扩大中国的内需市场，增强经济发展的内生动力，是战略上的选择。

行政体制改革在中国改革开放和现代化建设中居于重要的战略地位，这既关系到经济体制，又关系到政治体制改革，处于改革的中心环节。省直管县改革是我国行政体制改革的重要内容，是政府间纵向改革的突破点，如果这项改革到位，将对政府结构的优化、职能转变起到重大的作用。纵向行政结构优化，是这些年中国政府改革的一个重点。在以往改革中，我们对横向上改革比较重视，进展较大，对纵向上的改革规划不够，力度有限。从纵向组织结构看，主要问题是层次过多，行政成本过高，地方政府承担的公共服务责任与能力脱节，制约和影响了县域经济发展。省直管县改革是政府间纵向关系调整的主要内容，也是政府间纵向结构优化的引领者。我们认为，可以将“十二五”期间，也就是2011年到2015年省直管县改革要完成的目标定为近期目标，将2016年至全面建设小康社会实现之年，即2020年要实现的省直管县改革目标称为远期目标。近期目标的主要内容是：完成省直接管理县财政体制改革目标，完成农业经济等特色大县省直管县改革目标，在具备条件的地方全面推行省直管县体制，适当增加城市数量。远期目标为：在全国进行必要的行政区划改革，地方行政层级以三级为主体，城市数量增加到1000个左右以及将县分为若干等级。

苏珊（德）：从我对中国省直管县改革一些资料的阅读来看，学者们存在一些争议。请问张教授，您怎样看待市管县体制？它的历史贡献是什么？

张占斌：无论是市管县体制，还是省直管县体制，在实践中，都是一个非常有争议的问题。在中国理论界有一种观点，认为省直管县体制和市管县体制之争，实质上是优先发展市还是优先发展县的问题。优先发展城市，就选择市管县体制；优先发展县域，就选择省直管县体制。我不能完全同意这一观点。其实中国的市管县体制也好，省直管县体制也好，理论和实践要丰富得多，每种体制都包含着多个目标，也存在着局限性。所以说，研究好每种体制应该具备的条件，是首要问题。20世纪80年代初，为实现以城带乡的发展目标，中国陆续推行市管县体制。市管县体制推行之初，人们普遍充满期待。中国的理论界一般认为，市管县体制是马列主义关于城市领导农村、城乡一体化、缩小城乡差别理论在中国的实践，是具有中国特色的城乡协调发展模式。从实践来看，市管县体制取得一定成效，中央在当时决定推行市管县体制出发点是好的，也与当时改革环境相适应，在一定时期、部分地区发挥了积极作用，特别是对推动地级市的发展起到了很大的促进作用。至今市管县体制已有30年，并已成为中国普遍实行的行政区划模式，构成了宏观纵向体制的基本权力结构。现在看来，这一体制对推进我国市场化发展、工业化发展、城镇化发展都起到了重要的推动作用。市管县体制存在的问题，主要是没有完成以城带乡的发展目标，有些地方甚至进一步扩大了城乡之间的差距，与最初的设计有一定背离。在这一点上大多数中外学者的认识是比较一致的，分歧是现在怎样对市管县体制进行改革。

市管县体制的历史贡献有这样几方面。

第一方面，市管县体制准备了市场化改革的条件。改革开放之初，市场化的改革尚不明确，市管县体制适应了当时各类经济资源主要由行政力量配置，主要按行政区划流动的特点。这在一定程度上密切了城乡关系，市管县体制与当时的现实需要基本是相符合的。从推进计划经济向市场经济转轨的角度看，市管县体制是有贡献的，它在一定程度上满足了转轨时期增强中心城市作用的要求，同时客观上推进了市场经济的发展。从历史作用的角度看，市管县体制起到了冲破原有计划经济体制、导向市场经济体制的作用，恰恰是它推进培养了改革的要素，准备了市场化改革的条件。市场经济向纵深发展以后，市管县体制依靠行政手段推动城乡经济发展的弊端越发明显，市县之间的矛盾和问题也越来越多，由于制度支撑条件的丧失，改革市管县体制成为必然。

第二方面，市管县体制促进工业化发展。中国的工业化是在人均水平较低下的条件下起步的，这样就不具备条件按着西方一些国家的发展路径进行，经过比较选择后中国的工业化走了一条赶超战略。改革开放后，市管县体制、政府主导的市场经济，进一步强化了城市的作用，继续依靠城乡二元体制强力推进国家工业化。市管县体制在促进工业化发展上，主要是形成了低成本工业化机制，在较短时间内迅速实现了向工业化中期阶段的跃进。改革开放以来，数以亿计的农民成为产业工人，实现了职业转换。在低成本工业化和高成本城镇化的双重制约下，农村劳动力呈现出候鸟型转移模式。这种劳动力流动模式的贡献在于把工业化成本向农业农村转嫁，短时期内迅速做大经济总量。还有一个方面，就是政府主导的市场经济与市管县体制相配合助推工业化高效积累。改革开放以后，中国的工业化推进模式有所改变，中国现代工业发展的一个最基本瓶颈就是资本积累匮乏。在计划经济时期，政府通过对农产品的不等价交换进行了初期积累，建立了国家工业化基础体系。改革开放引入市场经济的竞争机制和价格机制，开始了工业化全面展开的历史进程。现在看来，虽然这一时期进行资本积累的方式很多，除了通过优惠政策引入国外资金外，最主要的资本积累方式，一个是依靠廉价劳动力，也就是候鸟型转移模式，另一个是通过土地积累，也就是政府通过低价征用土地获得大量资金。这种土地积累在20世纪90年代中期之后成为中国工业化、城市化发展最重要的积累方式。依靠土地积累所获得的资金总量，要远比从国外引入资金大得多。在政府主导的市场经济推进中，市管县体制很好地配合了政府这一发展模式，也可以说市管县体制与政府主导的市场经济目标一致、手段互补。现在，改革市管县体制，就是要在工业化和城镇化发展到一定水平后，对农村进行反哺，支持农村农业农民的发展。

第三方面，市管县体制推动了城镇化的发展。研究城镇化发展，首先要研究城镇化动力机制问题，也就是要明白城镇化发展是由政府单一力量推动的，还是由市场力量推动，或者政府、市场、社会等多重力量来推进。对于改革开放以来中国城镇化模式，现在学者有不同的认识。有人认为，改革开放30多年，我国城镇化的基本属性依然是政府主导型，政府的推力是主要方面。也有人认为改革开放以来，中国城镇化的快速提高是政府和市场共同推进结果。政府在城镇化进程中的作用表现为制度创新和宏观调控；市场的推动作用表现为资本、土地、劳动力等发展要素向城市聚集。还有学者认为，改革开放30多年，中国城镇化快速发展是政府和市场两种力量共同作用的结果。但是，在这两种力量中，市场力量是主要方面，政府作用是辅助性的、次要的。我们认为，在推动城镇化发展上，市管县体制配合其他政策发挥了主要作用，这一作用并没因市场经济的发展而有所改变。中国从1983年开始推进市管县体制，到1992年，这期间各地纷纷撤地建市，地级市的数量大量增加，中国城镇化进程明显加快。中国走上市场经济道路以后，尽管市场力量对推动城镇化也起到了很大的作用，但与政府力量相比还是处于从属地位。因为中国市场经济都是由政府主导的，政府的力量必然大于市场的力量。从1992年到2002年是市管县体制正向作用最大的时期，这一时期也是中国城镇化发展最快阶段。2002年以来，中国经济社会政策导向进入统筹城乡发展的时代，城镇化作为统筹城乡发展的一个重要轮子，也在各级政府强力推动之中。这一时期，市管县体制仍在发挥着基础作用，构成政府纵向体制的基本权力结构。这里市管县体制对城镇化的推动作用，主要是从地级市政府掌控资源角度讲的。在这一体制下农村的发展要素、发展资源更多地流向了中心城市，助推了中心城市的发展，现在看来，这一趋势并没有减小。进行省直管县改革并不是阻止城镇化发展，而是要使城镇化发展更有质量，在发展城镇时也要兼顾县域也就是农村的发展。

总的来说，市管县体制推动了市场化的起步，推动了工业化和城镇化的发展，对地级市发展起到了很大的促进作用。但随着改革的推进，市管县体制的弊端也显现出来，逐渐暴露出了“市卡县、市压县、市吃县”的现象，使县域经济发展受到影响。实行市管县后，城乡收入差距不仅没有缩小，反而从1983年开始显现不断扩大的趋势。1985年城乡收入比为1.86∶1，到2009年扩大到3.33∶1，达到历史最高点。如果把城乡享受的基本公共服务差距计算在内，城乡实际收入差距已接近6∶1，因此，改革市管县体制成为一种必然。进入21世纪以来，我国整体上进入了以工促农、以城带乡的发展阶段，统筹城乡发展成为国家发展战略。市管县本质上是一种重城轻乡的行政体制，这种体制总体上不利于实现统筹城乡发展，地级市容易对辖县产生挤出效应，使大量的农村发展资源流向城市，从而形成城市对农村新的剥夺。省直管县改革就是在这一背景下推进的，它所体现的政策意愿就是国家由非均衡发展向均衡发展转变。

二、借鉴历史与国外经验推进省直管县体制

苏珊（德）：请问张教授，省直管县改革是否借鉴了中国历史与国外政府管理经验？

张占斌：这肯定是有的。省直管县体制与中国历史上郡县制有很多相似地方，对国外现代政府层级管理也有所借鉴。在中国春秋后期，晋国首先在地广人稀的偏远地区设郡，其地位低于县，但地域远远比县大。后来，随着边地逐渐繁荣，人口日益增加，出现了郡的地盘太大不易管理的问题，一些大国不得不在郡以下设置若干小县实行强化管理。由于郡县的大量设置，到了战国后期，以郡统县的两级地方行政管理体制成了主流制度。秦统一六国后，秦始皇听取李斯的建议，在全国推行郡县制，以36郡统1000县。县按户口多少设县令或县长，万户以上为大县设县令，万户以下为小县设县长。在地方行政层级上有这样设置特点：东汉时，刺史改州，辖郡，郡辖县。西晋初年，全国分为州辖郡，郡辖县。隋初，实行州县两级制。炀帝时，改州为郡，全国190个郡1255个县。唐朝全国设道、州（府）、县。宋朝、元朝设路、直辖府、州、郡，以下设县。明朝设布政使司、府、县。清朝设省、府（州）、县。民国设省、道、县。中国历史上的地方政府层级结构，通常都是以县为基本行政单位。县是中国历史上持续最久而至今仍然存在的地方行政单位，历史上一直有“皇权不下县”的传统，县以下的地方行政单位，从隋以后一直到清末都不存在。自从秦朝产生郡县制，到民国末期的2100年时间里，地方政府层级以县为基本单位，分为两级制、准三级制和三级制，其中准三级制和三级制占主导地位。

中国古代地方行政建制，县以上重在防腐败和防割据，县以下重在教化和

劝农，古人各行政层级职能分配得很好。从行政建制变与不变的角度来看，中央为了掌控政局，防止离心和割据，县以上机构不得不变。为了发展农业生产，强化对百姓的教化，以及征收赋税，县以下也不得不变。因此处于行政建制中间的县这层级属于不变应万变的设计。因为县是联结皇权与百姓的纽带，其地位承上启下，只要县能稳住，县以上行政机构工作情况如何，在短期内对社会不会造成太大的影响。所以，“县稳天下稳”成了历代统治者的共识。现在减少政府纵向层级，理论界的共识也是对县之上地级市、县之下乡进行改革，这也是对历史的借鉴。

中华人民共和国成立之初，中国地方政府实行大区、省、县、乡（镇）四级，有的地方在县乡之间设一个区，也就是五级，中间环节太多，不利于大规模经济建设，1954 年中央撤销了大区建制，中央直辖省。从此中国地方行政层级建制进入省、县、乡（镇）三级或省、县、区、乡（镇）四级制。地级市是后来形成的，来回变化最大的就是这一层级。

从国外来看，在当今世界近两百个独立国家中，除梵蒂冈、新加坡等极少数小国不设地方政府、少数国家只设一级地方政府外，大多数国家的行政层级实行两级制或三级制。现在世界上实行四级制基本上都属于发展中国家。从主要地理大国的行政层级设置看，除中国和印度实行四级制外，其他国家都实行两级制或三级制。其中，俄罗斯为三级制，加拿大、美国、巴西、澳大利亚为两级制。从国外地方治理的实践看，行政层级设置以两级制或三级制为主。

中国省直管县改革正是借鉴了我们历史上的地方行政层级设置和国外地方政府层级的经验而进行的。中国大多数地方政府层级为四级，这在世界范围内也是比较多的。层次过多，势必降低行政效率。从我国历史经验和国外实践来看，地方政府的层级大致以两级或三级为主，大国同样可以实行较少层级，并较好的发挥作用。至于减少政府层级，减去那个层级为好，从我们前面的分析中可知，当前减少中间层级地级市改革条件已基本具备。近年来，随着统筹城乡的深入发展，越来越多的人认识到强化县政与经济地位的重要性，各地纷纷推进的扩权强县改革，加上到 2012 年年底完成的省管县财政体制改革，从根本上弱化了带县的市的作用，为实现省直管县创造了条件。

苏珊（德）：中国是一个地方差异很大的国家，请问那些地方更适合推进省直管县改革？那些地方适宜市管县体制？

张占斌：中国是一个地方差异比较大的国家，地方行政体制不可能是一种模式，就是省直管县体制，各地在实践中也存在一定差异。省直管县改革需要研究其推行的基础条件。从样板省浙江省来看，面积小、人口规模适中、市县数目不多的特点，是浙江省推行省直管县先天条件。同时浙江省多年来持续对县域放权，推行县域改革，县这一层级的行政权力与经济社会发展逐渐匹配。另外有一点大家可能注意不够，这就是浙江省对县域下放权力的同时，积极推行政府职能的转变，大量商会、行业协会等社会组织，有效地承接了政府转移出来的职能。也有学者把浙江省能推行好省直管县改革，与其区域发达的工商文化传统联系起来研究，这都是很好的研究视角。一般认为，管理幅度不大，省本级财政可支配收入较高，例如广东、山东、江苏等省都可以进行省直管县改革。但改革中有一个现象我们要特别注意，吉林、安徽、宁夏等省区，省区财政保障能力有限，但省直管县改革走到了全国的前头，这说明改革的基础条件也在发生变化，改革的目标是多样的。吉林省和安徽省是为了更好地促进县域经济发展，即使暂时不能安排较多的转移支付，在制度供给上也要满足县域。宁夏回族自治区除了促进县域经济发展外，考虑更多的可能是探索民族地区发展问题、贫困县扶贫问题。可以说，促进县域经济发展是推进省直管县改革的一个根本原因。但也有学者对此有不同的意见。他们认为，县域经济发达到一定程度才需要扩大权力，提高其自主力，权力大小要与经济发展程度相匹配，否则就会造成权力资源的浪费，并且容易造成权力的滥用。这种担心也不无道理，但我们认为，由于许多重要的经济社会管理权限都集中在省或地级市，县虽然事务多、责任重，但自主权小、财力有限，这种权责上的不一致，阻碍了县域经济社会的进一步发展。在中央逐步向地方放权的大背景下，管理重心也应适当下移，县域扩权是大趋势，我们只要做好监督制度建设，不会出现太大的问题。

至于哪些地方适于市管县体制，我们认为，只要地级市对县域有较大的带动作用，这些地区都适宜市管县体制。如省会城市、计划单列城市、副省级城市、重要的中心城市、国家和省经济发展重要节点城市等，都可以保留市管县体制。即使适于推进省直管县的省区也要兼顾地级市的发展，促其行政区划的合理调整，对需要扩展区域的地级市撤县建区，比如河北省就有潜力，以强化对周边地区的带动作用，这对提高中国城镇化质量至关重要。省直管县体制与市管县体制对推进城镇化发展各有优势和局限，当前重要的是要在推进城镇化发展和省直管县改革间找一平衡点，既要重视城镇化发展的质量，也要重视县域的发展。我看现在大家常讲的中国特色城镇化道路就包含了这个平衡点，三化同步发展，坚定不移地走统筹城乡，城镇化、工业化、农业现代化协同推进的城镇化发展道路。

河南、四川、广西等辖县大省推行省直管县体制，存在着一定困难，在行政区划不改变的前提下，要不要改革、怎样改革，需要深入思考。一些学者认为，应暂缓推行辖县大省的省直管县改革，如河南省的发展重点不是县域经济，而是有经济活力的中心城市。已经形成区域经济中心城市的应以特大城市为依托，形成辐射作用大的城市群，培育新的增长极。我们 2012 年 8 月份在河南省调研时已感受到改革的新动向。虽然全省在积极推进省直管县改革试点，但可以看出，大郑州城市群建设的战略定位是要整合郑州市所属区县及周边地区。也许将来郑州都市区会形成一个新的层级，这也是对国外都市区发展经验的借鉴吧。

三、省直管县改革是地方政府权力再平衡

苏珊（德）：请问张教授，中央政府对省直管县改革是否支持？地方各层级政府对省直管县改革态度如何？

张占斌：据我所知，中国国家领导人对省直管县高度重视，力推省直管县改革向纵深发展，努力促进具备条件的县调整隶属关系，全面实现省直管。在中央的重要文件和党和国家领导人的讲话中多次提及省直管县改革。如 2005 年 6 月，温家宝在全国农村税费改革工作会议上的讲话；2006 年 1 月，中共中央国务院的一号文件；2006 年，“十一五”规划纲要；2008 年 8 月，中央关于地方政府的改革意见；2008 年 10 月，中央关于推进农村改革的决定；2009 年 1 月，中央一号文件；2009 年 6 月，国家财政部关于推进省直管县财政体制改

革的意见；2011 年，“十二五”规划纲要；党的十八大报告；等等。这些讲话和文件都为省直管县改革作出部署和安排，要求有条件的地方依法探索省直接管理县的体制，进一步扩大县级政府经济社会管理权限。

在省直管县改革中，政府是制度创新主体。中央、省级、地级市、县级制度创新的驱动力取决于创新收益，所以各级政府对省直管县改革有着不同态度和行为。有人这样总结，中央政府支持参与，平衡各方；省级政府积极推动，统领市县；地级市被动参与，坐等观望；县级政府主动参与，积极争取。

按着目前财税政策，省直管县改革带来地方经济的快速发展，中央和地方按着商定的财税分成比例分配，中央政府能够更多地分享到制度创新的好处。总的来说，改革的省区越多，带来的新增经济总量就越大，中央政府就能分享到更多的制度创新收益。承担较低的制度创新成本却能分享到这么多收益，中央很是高兴，其态度由各地自行探索转变为明确支持。中央政府还有一个平衡各方的责任，即省区的省直管县改革，不能影响中心城市也就是地级市做大经济总量的任务，因为 GDP 总体是由中心城市拉动的。据有些学者分析，这正是中央是否大力度推进省直管县改革的担心所在。对省一级而言，省直管县改革的收益是实实在在的，县域经济的快速发展壮大了省的经济实力，税收的增加让省里有更多的财力进行基础设施建设、改善和保障民生，这也是省级官员最显眼的政绩。地级市政府在省直管县改革中处境尴尬。进行省直管县改革，从理论上讲地级市可以获得城乡分治后城市专业化管理带来的分工收益，但这是将来的事，眼前失去了截留县级各种资源的机会，行政层级上的政治优势感也不复存在，地级市成为利益净流出群体。从我们了解情况看，一些地级市响应省直管县改革，其实并非源自于内心真实拥护，而更多的是省里压力下的无奈之举。

县级是省直管县改革的直接受益者。县级可以在相当于地级市平台上发展，经济实力的增强不仅让县里有了更多可以支配的财力，也为政府官员提供了展现政绩的机会。县级官员与地级市官员的关系从下级转为基本平等，更重要的是县级官员有了更多与省级官员直接沟通的机会，这为争取项目、争取专项转移支付等创造了条件。最主要的是县域资源不再被市里截留，这相当于多了一块收入。

苏珊（德）：对于省直管县改革各层级政府存在的利益纠结问题，请问张教授中国理论界有怎样的研究？

张占斌：省直管县改革是对利益格局的重大调整，对权力的重新分配。在各层级政府事权没有很好划分前，对于省直管县改革来说，应建立合理的利益共享和成本分担机制，调动各级政府参与改革的积极性。目前中央政府在省直管县改革中没有付出太大的成本，却通过财税分享了大量的制度创新收益。为此，一些学者建议中央政府应把获得的收益切出一块给省里，用以鼓励更多的制度创新。同时，中央对省直管县改革要更加积极主动地促进，也就是现在人们常说的要有顶层设计。对于省一级政府而言，由于掌握着省内制度创新收益的分配权，其在改革中的利益能得到保障，推进改革的积极性不成问题。关键要研究好对县这层级利益分配问题，要调动县这一层级改革发展的积极性。现在省直管县改革在利益分配上更多地向县倾斜，这有可能导致地级市发展空间和发展动力不足，最终造成城市发展的边缘化。针对地级市难以在省直管县改革获得收益问题，有这样两方面研究：一方面是在省里的制度创新收益中切下一块给地级市，以减少改革阻力。另一方面要减少地级市的财政支出项目，做到财政与事权的匹配。县级财政收入不再上缴到地级市财政，市对县的配套资金不应再由地级市承担，而应进行全省统筹。若考虑到地级市的技术条件，需要它承担一定的公共服务职能，那么省、县应对地级市进行财政补偿。

苏珊（德）：日本关西大学三宅康之教授比较了计划单列市和省直管县改革，他认为地级市和县之间可能会像20世纪80年代计划单列市和省会之间出现摩擦，您认为比较有道理吗？

张占斌：有些道理。1983年国务院在重庆进行经济体制综合改革试点，为探索改革的路子，也为组织好以大城市为中心的经济区建设，国家批准重庆为计划单列城市。20世纪80年代中国共有11个计划单列市，以后又增加了一些。那时是否计划单列，对城市经济发展影响相当大，特别是1985年开始对计划单列市进行副省级的行政升格后，计划单列市的发展优势进一步突显。一般来说，在一省之中，计划单列市和省会城市是两个经济规模最大，存在着竞争发展的两个城市。计划单列之前，在一省框架之内，还能相安无事。计划单列以后，其城市在国家计划中单列户头，享受到相当于省一级经济管理权限。改革之初在各种发展资源有限的前提下，为了更快发展，计划单列城市与省会城市摩擦不断，有些问题省内都得不到平衡。进入到市场经济、特别是国家取消省会城市计划单列后，情况稍有好转，但剩下的5个计划单列城市与省会城市的争斗还是没有平息，我们从广州和深圳的关系就能看得很真切。

在市管县体制下，地级市直接控制着县这层级经济社会管理权限。省直管县后，从体制上为县这一层级放权，地级市与县变为没有行政隶属关系的两个实体。这两个实体既存在合作的可能，也存在竞争的关系。如果地级市与县不规范运作，省直管县体制下的市县有可能各自为政，恶性竞争，制造行政壁垒。这时的区域经济发展还不如改革前的状态。在分税制的大框架下，地级市和县级均有足够的投资冲动，相互独立的利益往往使其不顾资源配置的整体效应，形成重复投资、短期行为、侵蚀市场等现象。从一些地方的改革来看，省直管县后，地区间的利益关系协调主体会出现暂时性缺位，如果没有相应组织补位，地级市与县之间利益冲突不可避免。这种冲突与计划单列城市和省会城市的摩擦相比，有很多相同的地方，但要比那更加严重和复杂。一省之内计划单列城市和省会城市是局部的摩擦，而地级市与县是面上的摩擦，量要大得多，更为复杂。因此，除省一级要加强领导外，有必要组建跨界的区域性协调机构，加强县与县、市与县之间的协调沟通。

四、省直管县改革取得的进展

苏珊（德）：2013年中央政府就要进行换届，未来十年中国将进入新一轮政治周期。请张教授评价一下从2008年至今中央政府推动省直管县改革突破的情况。

张占斌：2008年新一届政府组建后，大力推进省直管县改革，县域经济社会发展整体上有很大的提高。这是由多年扩权强县改革，以及省直管县一系列改革政策累积的结果。这里我选择几个主要的突破方面向你介绍一下。

第一方面，省直管县财政体制改革。针对市管县体制存在的问题，2005年6月，时任国务院总理温家宝在农村税费改革工作会议上提出，具备条件的地方，可以推进省直管县和乡财县管的试点。在“十一五”规划中，对理顺省以下财政管理体制，有条件的地方可以实行省级对县的管理体制加以推动。2008年新一届政府组建后，陆续出台继续推进省直管县财政体制改革，并把农业大县首先纳入改革的范围，出台省直管县财政体制总体目标。实行省直管县财政体制改革就是在政府间收支划分、转移支付、资金往来、预决算、年终结算等方面实现省财政与市、县财政直接联系，市和县在财政上相互独立。这项改革是继1994年分税制后，我国财政管理体制上又一次重大创新，它对支持县域发展，优化政府纵向结构具有突破意义。截至2011年底，全国共有27个省区1080县及县级市进行了财政省直管县改革。从全国来看，大范围进行省直管县财政体制改革的时间不长，一些宏观效果还没有完全显现出来，但从先期试点县市来看，效果却不错，这项改革加大了县级财政的支持力度，县级经济社会发展得到了很大的支持。从我们对一些省区的调研来看，改革存在的问题也不少。如国家财政部关于推进省直接管理县财政体制的意见要求2012年底前力争全国（民族地区除外）全部推进省直管县财政体制改革，现在看来，表面上完成任务不成问题，但一些省区改革的质量不是很高，在转移支付、资金调度上仍以省对地级市，地级市对县的方式办理，这与改革方案有很大的出入。还存在行政体制与财政体制不协调问题，限制了改革的进一步深入，导致地级市、县财政在具体事务上的平等难以实现。

第二方面，将农业大县纳入省直管县改革范围。在中国目前2000多个县中，一半以上属于以农业为主的经济欠发达县，但农业大县对保障中国粮食安全至关重要。2007年全国有450多个产粮大县，虽然仅占全国县数的不足16%，但粮食产量却占到了全国粮食总产量的近一半。由于大多数产粮大县以农业为主，种粮效益低，财政收入缓慢，财力薄弱，很多产粮大县是财政穷县。从保障国家粮食安全和统筹城乡发展的要求出发，2008年国家把农业大县纳入省直管县财政体制范围，2009年将粮食、油料、棉花和生猪生产大县全部纳入省直管县财政体制改革范围。中央政府还出台了产粮大县奖励政策，2011年产粮、油大县奖励资金规模达230多亿元，奖励县数达1000多个，而且是测算到县、拨付到县。几年下来，这项改革效果明显，大大提高了地方政府特别是县级政府抓粮的积极性，促进了粮食的生产，保障了中国粮食多年连续增产。存在的问题主要有这样两点：一点是对产粮大县确定的标准各级政府存在着分歧，国家奖励资金存在着平均化的倾向；另一点是制度创新跟进不够，省直管县财政体制到2012年年底面上工作将基本完成，省一级怎样在省直管县体制框架内激励产粮大县生产，各地还没有明确的政策。

第三方面，中央加大省直管县改革试点工作。2010年中央编制委员会办公室确定安徽、河南、江苏、宁夏等8省区30个县（包括县级市）进行省直管县改革试点，计划用3年左右时间完成试点，为党的十八大后推进省直管县改革积累经验。中央编制委员会办公室的试点通知明确要求，试点省区要在重点问题上进一步突破，改革不能停留在打外围战，要触及深层问题。对试点省区及县的选择也注意到代表性，如选取辖县大省参与试点、选取城镇化发达县参与试点、选取农业大县参与试点、选取民族地区贫困县参与试点，等等。中国的行政体制改革的一条重要途径，就是结合政府换届进行。2013年中央政府将进行换届，我们有理由相信这次省直管县改革试点，就是为换届后中央政府推进改革做的准备。从8省区的改革方案来看，大部分选取的是省内经济发展单列方式。在中国，计划单列这一概念大家并不陌生，与省直管县改革联系起来就有简政放权的特征。河南、江苏、安徽等省的试点县都是典型的省内单列模式，享受地级市一级经济社会管理权限。就安徽省的改革来说，试点县党委、政府直接向省委、省政府负责并报告工作，试点县人大直接向省人大报告工作并接受监督，试点县政协直接向省政协报告工作并接受指导，试点县党委、政府工作部依照党章和相关法规直接接受省委、省政府主管部门的业务指导或领导。试点县党政主要负责人由省委直接管理，其他副县级领导干部包括公检法和其他高配干部由省委委托省委组织部管理。试点县出席省党代会、人代会、政协会的代表、委员，仍在原地级市选举产生。试点县工商、地税、质监放回试点县管理，司法业务管理体制不变。再看河南省，它是典型的省内单列模式，由省政府直接领导试点县政府工作，试点县政府各工作部门直接由省政府主管部门进行业务指导或领导。党委、人大、政协及司法领导体制不变。工商、地税、质监等部门由地级市领导改为省主管部门直接领导。其他省区的改革模式大体与安徽、河南两省相似。从安徽、河南两省的改革中，可以明显看出，安徽省的力度大一些。河南省可能由于是辖县大省，他的改革难度更大些，在行政区划不变的前提下，省内计划单列也许是比较好的推进方式。也有学者认为，河南省的试点方式很好地照顾到地级市的发展，是不错的选择，值得研究。总的来看，中央编制委员会办公室这次省直管县改革试点，突破点多，力度比较大，有些问题多年突破不了，这次突破了或接近突破，这对党的十八大以后推进省直管县改革，具有指向意义。这次8省区30个试点县存在的问题，从面上说，首要一点就是省内单列改革存在体制不顺问题，特别是在党委和政府体制上。另一点是干部管理问题。几个试点省区相关部门普遍认为，市管县时，县级干部的选拔、调整、后备干部的培养使用都由地级市负责。省直管县改革后，这些工作放到省里来进行。小的省区如宁夏回族自治区还可以，大一些的省可能就照应不过来。现在县级班子也比较庞大，一般来说，一个县的县级干部要有三四十人。这项工作在一个地级市的范围内还可以进行调配，现在，少一个中间层级，都推向省里，干部调配是一个难题。还有一点就是司法体制，中央应早作顶层安排，设计好改革的路线图，司法体制不能长期与行政体制不相匹配。

苏珊（德）：请问张教授，下一步省直管县改革重点是什么？

张占斌：总的来说，要在进一步完善现有改革的基础上，出台一些适应城镇化发展趋势，能够加快城镇化发展，能够提高城镇化质量的省直管县改革政策。当然这些改革政策要包含在统筹城乡发展的框架内，要对农村发展有所促进、有所兼顾。要通过省直管县改革，提高县域中心城市的承载力，率先把经济强县（市）发展成为中等城市。要改革和完善设市制度，科学规划撤县设市、设区工作，探索镇级市的设立，扩大城市规模，形成大中小城市及小城镇协调发展的新格局。这种认识是基于对中国改革开放以来城镇化发展规律的把握，实际上，过去30多年中国县以上行政区划调整变更事项中90%以上是有关城镇型政区的调整，这不是人主观意志的结果，而是经济社会发展的要求。省直管县改革就是要适应这种变化，促进这种变化。建立城乡一体化的行政体制是省直管县的题中应有之义，这一体制的中心就是市制。我们现在有直辖市、地级市、县级市650多个，如果能再用20年左右的时间，把市总量扩展到1000个，中国的城市化就具备了一定的规模，就能与中国工业发展基本适应，也能对统筹城乡发展做出大的贡献，对内需的拉动就会上升到一个新的层次。依托城镇化快速发展，更好地发展一些城市，是下一步省直管县改革的重点，这个重点的核心就是力推城市数量的发展，而且是将有质量的城市发展到1000个，这里面不包括镇级市。

有这样几个理由助推城镇化数量的发展。

第一方面，率先把经济强县（市）升格为中等城市。重点把一批二、三产业比较发达，城镇化达到一定水平，非农就业比重大，经济实力远超过一般城市，对周边地区有较强辐射带动作用，参与区域经济分工，在国内外有一定影响力的经济强县（市）尽快发展成中等城市。如江苏省的昆山市、江阴市，浙江省的义乌市等全国部分百强县。这里的中等城市一般设定为，地域性的政治、经济、文化、信息中心。自然条件或产业条件比较优越，交通发达，接受大城市辐射影响大，经济社会发展比一般县级市明显快，城市基础设施较为完善。在发展上有广阔的空间，突出特点是城市发展弹性大。通过我们对中郡县域经济研究所连续几年发布的全国百强县经济基本竞争力报告的分析可以看到，百强县中有20%的县（市）可以发展成为中等城市。如果国家能在政策上给予推进，这些经济强县（市）升格为中等城市，用不了太久的时间。

第二方面，把具备一定条件的县改设为市。在我国城镇体系结构中，县级市数量较少，而且分布不匀，是城镇体系中最薄弱部分。我国从1997年开始冻结设市工作，近十五年只是少量审批了几个。随着县域经济社会的发展，特别是省直管县改革的推进，大县、强县、特色县城镇化发展的要求越来越迫切。2010年，十一届全国人大常委会第十三次会议提出，我国将积极研究完善设立县级市的标准，把人口、经济、财政、税收以及城市建设达到一定规模的县，适度改设为市。这说明这项工作已引起高层的注意，改革不会再拖下去。多年的经济发展，使许多县城及一些建制镇都得到较快发展，经济实力较强，已经达到了设市的标准，传统的农村型行政区划体制不能适应城镇型经济社会管理的需要。无论是发展比较好的东部地区，还是开发建设中的中西部地区，全国县级市主要经济指标的平均值约为县域经济发展水平的两倍，这在一定程度上显示了城市型政区的经济活力，市制所蕴含的制度生产力。因此，当县域及其某些镇域经济社会发展程度初步达到具备城市基本特征时，适时地推进撤县设市改革，是促进城镇化发展的最好办法。全国现在有县、旗等1627个，我们选取GDP总量、地方财政一般预算收入、城镇化率、人口、工业增加值占工农业增加值比重、县域基础设施建设作为评价指标，对东部、东北部、中部、西部一些省区的县进行了测算，发现有6%的县，也就是近100个县现在具备撤县设市的基本条件。参照国际经验和我国全面建设小康社会的历史进程，再有20年左右，这一比例可能达到甚至超过15%。如果中国城镇化发展进行得顺利，无论是整县改市还是切块设市，市的数量都会大量增加。

第三方面，撤县设区增强中心城市发展空间。从各地来看，一些地方中心城市发展基础好，与周边县关联度高，这样的地区可以进行撤县设区。撤县设区可以分为两种情况。第一种情况是，中心城市的城镇化水平、非农就业比重、产业结构、经济总量、财政收入都已经达到大城市标准，而周边的县域规模较小、经济实力比较弱，市对县能辐射带动强，可以考虑撤县设区。第二种情况，中心城市的城镇化水平、非农就业比重、产业结构、经济总量、财政收入达到大城市标准，但现行行政区划制约了自身的进一步发展。周边的县域经济实力也较强，市与县之间的资源、产业和市场关联度比较高的，也可考虑撤县设区。这项改革对城镇化发展质量至关重要。

第四方面，积极探索镇级市的发展。经济发达镇行政体制改革是省直管县体制改革的重要的组成部分，对于省直管县改革具有重大意义。在中国市制体系中，有直辖市、副省级市、地级市、县级市，与行政层级相对应的就是缺少镇级市。我国小城市数量偏少，应该积极发展镇级市，这也是对市本来含义的恢复。在一些发达省区，对于经济实力较强、城镇化水平较高、人口达到一定规模，并有一定的产业支持的大镇强镇，都应积极进行镇级市的改革。镇级市为县辖市行政体制，既不影响原来的行政区划，又增加了我国城市的数量，有助于推进城镇化的进程。在现有设立镇级市的研究中，主要理由有这样两点。一是镇级市为建制镇和城镇型居民区向中小城市转型找到了新途径。二是镇级市不仅是对乡镇政权治所地城镇化现实的认可，也是对我国城镇体系的完善，更是对中国乡村城镇化历史的充分尊重。

今天我就回答你这些问题，有机会我们再讨论。

苏珊（德）：谢谢张教授。

（原载《经济社会体制比较》2012年第6期，节录）

努力推进《国家新型城镇化规划》的实施

2014年5月6日至12日，国家行政学院会同中央组织部、国家发展改革委举办了省部级领导干部推进新型城镇化规划实施专题研讨班。学员们在研讨中表示，要深刻学习领会习近平总书记、李克强总理在中央城镇化工作会议上的重要讲话精神，坚定不移推动《国家新型城镇化规划（2014—2020年）》的贯彻实施，着力促进经济持续健康发展。研讨班围绕推进国家新型城镇化规划展开深入探讨和研究，提出许多思路和建议。

一、推进农业转移人口市民化是落实规划的首要任务

人是新型城镇化的主体和核心，《国家新型城镇化规划（2014—2020年）》的首要任务是推进农业转移人口市民化。一般来说，完全的城镇化要使进城人口实现三个转换：从农业到非农业的职业转换，从农村到城镇的地域转移，从农民到市民的身份转换。西方发达国家城镇化基本上是三个转换一步到位，我国进城人口虽然实现了地域转移、职业转换，但没有市民化。这些人如果不能稳定下来，城镇化的质量就难以提高，而且会带来大量的社会矛盾和风险。

学员们认为，推进人的城镇化，要从以下方面抓起：一是尽快把在城镇稳定就业和生活的常住人口市民化。要比《国家新型城镇化规划（2014—2020年）》往前走一步，全面放开小城市和中等城市的落户限制，有序放开大城市落户限制，合理研究特大城市的落户条件。严格控制人口向大城市转移，不符合城镇化发展的一般规律，要通过产业政策，国家规划，有效分流大城市人口，而不是人为的控制。要优先解决存量，优先解决本地人口，优先解决进城时间长、就业能力强、已经适应城镇工作生活的那部分人。二是稳步推进基本

公共服务常住人口全覆盖。现代化的本质是人的现代化，真正使农民变市民并不断提高素质，需长期努力。一部分常住人口不能落户城市，是我国现阶段存在的现象。关键一条是，不论这部分人在农村还是在城市，应该提供的公共服务都要切实提供，应该保障的权益都要切实保障。从广东等地的经验看，实行居住证制度，可以分类分批渐次解决进城务工人员，特别是跨区域进入大中城市的农业转移人口落户问题。要全面实行居住证制度，以居住证为载体，按照权利义务对等、梯度赋予权利的原则，逐步解决流动人口在劳动就业、子女就学、公共卫生、住房租购、社会保障等方面的实际问题，为打破城乡分隔二元结构创造条件。三是加快研究农业转移人口市民化成本的分摊机制。农业转移人口市民化的成本支出是一个长期的过程。从近期看，政府需要承担的成本主要是农业转移人口子女教育、公共卫生、低保、保障性住房等的支出。从远期看，农业转移人口退休后按目前的养老金发放办法，政府需要对个人养老金发放进行补贴。随着农业转移人口的增加，政府还需要增加各项城市基础设施的投资。农业转移人口市民化的成本并非不可承受，关键在于建立中央政府和地方政府之间、政府和企业之间、企业和个人之间的成本合理分担机制。

二、提高城镇化土地利用效率

人多地少是我国基本国情，推进城镇化不可避免要占用土地，但问题是我们城镇建设用地规模扩张过快，城镇建成区人口密度大幅下降，脱离了人多地少的国情。同时，城镇用地结构不合理，工业用地偏多、居住用地偏少，建设用地偏多、生态用地偏少。耕地红线面临压力越来越大，一些地方用劣地来搞占补平衡，耕地质量大大下降。

学员们认为，只要把土地利用好了，国家对新型城镇化发展的规划就能推进好，地方政府就有办法搞建设。一是土地要严控增量、盘活存量。从我国实际情况来看，城镇建设用地特别是优化开发的三大城市群地区，要以盘活存量为主，不能再无节制地扩大用地。要按照生产空间集约高效、生活空间宜居适度、生态空间山清水秀的总体要求，形成生产、生活、生态空间的合理结构。

二是强化耕地资源保护。当前和今后一段时期，我国粮食产销和供求的结构性矛盾不会发生根本改变，并将长期处于紧平衡甚至脆弱平衡状态。人均耕地资源少、优质耕地资源不足、后备耕地资源匮乏、耕地污染加重、水资源和耕地资源存在严重的空间错位，都对粮食安全构成威胁。强化耕地资源保护必须综合采取行政、工程、技术等措施，从耕地数量管控、质量管理等方面丰富耕地保护内涵。三是探索适地适用人地挂钩政策试点。现在农村人口大量进城务工，出现大批闲置住房和空心村，而城市用地却很紧张。必须运用市场手段，在确保耕地质量不下降、数量不减少、建设用地不增加的前提下，推进地随人走，城乡建设用地增减挂钩。以安徽省为例，安徽省北部皖北地区地势平坦，耕地连片且质量高，农业产出效益好，但该地区资源环境承载能力有限，面临资源型和水质型缺水双重压力，大量农村人口常年在外务工，农村出现大量闲置住房和空心村；而安徽省南部皖江地区岗地、坡地较多，耕地质量较差，农业产出效益一般，但资源环境较好，产业实力雄厚，有条件承载更多外来人口。因此，如能在安徽省域范围内，通过市场机制调配土地资源，让耕地向皖北集中，让建设用地向皖江集中，这样既能解决全省工业化、城镇化用地需求问题，又能更好地发挥土地资源效益，让两个地区同时受益。这样，就有效破解当前“人往哪里走，地往哪里转，钱从哪里来”的难题。四是发挥好土地使用税的调节作用。土地低效利用和闲置浪费的一个重要因素，就是土地使用和保有成本太低。必须充分发挥市场在资源配置中的决定性作用，适当提高土地使用税征收标准，同时加大对亩均税收高的企业的奖励返还力度。这里一定要体现公平、一视同仁，根据企业每年创造的亩均税收分档返还一律要公示，要接受监督。通过经济手段，倒逼企业提高土地投资强度和产出水平，主动把多余的土地退给政府。

三、建立多元的城镇化资金保障机制

财力是城市发展的生命线，推进城镇化必须解决好资金问题。由于我国财税体制和投融资体制还不够完善，加上政府揽的事太多等原因，城市建设资金普遍靠借债和转让土地收入支撑。有的地方政府把今后20年的土地都卖了。这种寅吃卯粮、过度依赖土地财政的严重状况，使城镇化发展存在极大的风险。

学员们认为，建立多元的城镇化资金保障机制，要从以下几方面入手：一是逐步建立地方主体税种。在设计财税体制改革时，要考虑人口城镇化因素。要完善地方税体系，逐步建立地方主体税种，使地方政府承担的公共服务有稳定的资金来源。要在合理划分中央和地方政府事权与支出责任的基础上，进一步完善财政转移支付体系，建立财政转移支付同农业转移人口市民化挂钩的机制。二是拓宽市场化、多元化的资金来源渠道。建议进一步健全和完善城市基础设施领域公私合营政策法规制度，推动政府购买社会服务和公私合作项目运作的规范化、制度化，指导国企、民企、外资等各类市场化主体通过PPP（公私合营）、BOT（建设—经营—转让）、特许经营等商业模式，参与城市基础设施建设和运营。研究设立新兴产业投资引导基金。鼓励设立专门的城镇化投资引导基金和城镇化投资基金，大力推进基础设施资产证券化，推进基础设施领域的市场化、产业化运作。三是发挥政策性金融的引导和促进作用。要发挥现有政策性金融机构的重要作用，研究制定政策性金融专项支持政策。城市基础设施和社会民生类建设项目公共性强、外部性大、收益性低、回收期长，对商业资金缺乏吸引力，同时我国商业银行的吸储资金基于期限匹配的考虑，主要用于中短期项目和个人金融业务。这就决定了在现阶段，城镇化建设资金不能仅仅依靠财政支出和商业银行资金，仍需发挥好政策性金融以国家信用为支撑、介于政府财政投资和商业银行贷款之间“四两拨千斤”的引领性作用。

四、提高城镇化的产业支撑

我国城镇化体系和产业布局存在结构性失衡，不少中小城市和小城镇缺乏产业支撑，成为“穷城”和“空城”，而大城市往往存在“大而全”的问题，各类产业齐全，部分产业低效聚集，加之进城农民工难以融入城市，导致农民候鸟式跨区流动。若城镇化不打破以行政层级分配资源、重大抑小、产业布局失衡的局面，粗放发展和资源浪费的惯性就难有实质性改变，新型城镇化就不会推进好。

学员们认为，提高城镇化的产业支撑，要从以下几方面做起：一是分散大城市的部分功能。减少城市行政权力对市场机制的干预和对公共资源配置的影响，以市场为导向，分散大城市的一些经济功能，把一些适宜在中小城市发展的产业分散出去。现在一些大城市已经意识到，不能把什么项目都揽在怀里，要把有些项目疏散出去，就业就跟着出去了，城市压力就会减少。国家在制定“十三五”产业政策上要有这个安排，设计好大中小城市产业布局。二是重视城市服务业的发展。城镇化与服务业发展密切相关。城镇化过程中的人口集聚、生活方式变革、生活水平提高，都会扩大生活性服务需求。三是提高中小城镇资源集聚能力。资源集聚是经济发展的必要条件。中小城市作为城市与农村的联结点，不断提高自身的资源集聚能力，提高城镇化质量和水平，有利于承接大城市转移的功能，提高产业发展能力。要改革按城镇级别配置公共资源的方式。更新城镇发展理念，按照基本公共服务均等化的要求，通过公共财政支出、金融支持、制度创新等，使中小城镇能够配置到更多公共资源。国家基本建设投资可以适度向中小城镇倾斜，改善中小城镇的基础条件和发展环境，提高其资源集聚能力。

五、提高城镇规划和城市管理水平

城镇建设水平，不仅关系居民生活质量，而且也是城市生命力所在。城镇建设水平与规划直接相关。目前城镇规划存在的问题主要有：一些地方不顾资源环境承载能力和经济社会客观条件，时常随意修改城市规划。“政府一换届、规划就换届”，城市规划无法保持连续性，造成社会资源的巨大浪费。在竞争压力下，一些城市的决策者为争取政绩而放弃规划管控底线，以“规划服从经济回报”为代价来满足投资者的要求，损害了规划的严肃性。

学员们认为，推进新型城镇化，规划要把握好以下原则：一是高起点编制规划。富规划，穷建设。什么钱都能省，规划的钱不能省。一般规划要有两家以上的单位编制方案，重要规划至少要有三家以上单位编制方案。通过对多个方案的比较分析，就可以选择一个最优的方案，也可以在几个方案基础上，综合、提炼、加工、汇总成一个更好的规划。二是坚持统筹规划布局。实现主体功能区规划、城市总体规划、土地利用规划、经济社会发展规划、基础设施规划、产业布局规划、生态环境保护规划等的“多规合一”，形成定位清晰、功能互补、统一衔接的空间规划体系。三是坚持因地制宜。要从自然条件、资源禀赋、承载能力等多个方面把需要与可能结合起来，统筹谋划，系统考虑，尤其是要因地制宜搞好土地利用规划，宜工则工，宜农则农，宜城则城，深入研究到底承载多少人口比较经济、比较合理，防止盲目扩张，导致难以挽回的损失。四是坚持借力发力。规划编制要注意借船出海，借梯登高，充分依托周边的高铁、高速公路、港口等重大交通基础设施和大城市，进行产业和基础设施布局，这样可以减少政府投资，降低物流成本，提高企业竞争力。五是加强城镇化管理工作。这些年城镇化中出现的问题，许多都与我们的城市管理不到位有关。客观上讲，有经验不足的原因，但更多的是城镇化管理跟不上。要利用国家行政学院等培训机构，多培养些专家型的城市管理者，用科学态度、先进理念、专业知识建设和管理城市。

六、创新城镇化发展的体制机制

当前推进我国新型城镇化发展的一个很大制约是各部门相关政策还不明确、不配套、不完善、不到位，有的政策还自相矛盾，建议尽快深化新型城镇化各相关方面的体制机制改革。当前尤其紧要的是要处理好政府、市场和社会的关系，切实形成有利于推动新型城镇化发展的内生动力机制。

学员们认为，当前要做好以下工作：一是发挥好市场配置资源的决定性作用。要按照十八届三中全会的精神，着力解决经济市场化程度低和资源资本化程度低的问题，进一步完善户籍、土地、财税、资源、环境等方面的政策，特别是要加快推进要素市场、资本市场、产权市场的发育和完善，推进新型城镇化市场动力机制建设。二是加快推进政府职能转变。要真正发挥政府在新型城镇化建设中的规划引导作用，逐步向市场放权、向基层放权、向社会放权，把该管的管到位，把该放的放到位，同时也要注意发挥政府在创造制度环境、建设基础设施、提供公共服务、加强社会治理等方面的职能。三是充分发挥社会组织和民间资本在新型城镇化发展中的作用。按照党的十八届三中全会提出的完善国家治理体系、提高国家治理能力的要求，应加快推进社会管理创新，千方百计创造条件，出台更有力、更直接、更有效的扶持政策，赋予社会组织实质性社会管理功能，解决好市场职能缺位问题。同时给民间资本广泛参与新型城镇化进程的空间。

（本文部分内容刊登于《光明日报》2014年7月18日第11版，原标题为《新型城镇化需要新思路——省部级领导干部推进新型城镇化规划实施专题班述评》）

统筹城乡发展与省直管县改革

统筹城乡发展是一个大题目，这里结合我个人研究的领域，与大家就此问题进行交流。

一、统筹城乡发展的历史进程

世界上大多数国家的现代化进程，实际上是一个逐渐消除二元经济结构，实现城乡统筹和城乡一体化的进程。尽管各国工业化的模式不尽相同，但世界多数国家在工业化进程中不失时机地统筹城乡经济社会发展，以此缩小工农收入差距，消除城乡差别，可以视为一条带有普遍性的发展规律。在世界各国经济发展过程中，曾经面临或正在面临一个共同问题，就是如何把握和正确处理城市与农村的协调发展。在资本主义发展初期，产业革命的兴起和加速，推进了西方国家的工业化和城市化进程，同时也扩大了城乡差别和城乡矛盾，发达的城市与落后的农村形成鲜明对照。随着资本主义经济的发展，西方国家的城乡关系也发生了重要变化，生产力的提升虽然扩大了城乡差别和城乡矛盾，但也为改变城乡差别和疏导城乡矛盾创造了条件。从19世纪中叶起，城乡经济一体化成为社会经济发展的主流。

第二次世界大战以来，西方发达国家的城乡经济一体化有了新的发展，一些西方发达国家在凯恩斯主义思想的影响下，依靠政府、地方、企业和私人部门多方共同努力，通过国土综合整治、城市与区域发展规划、若干不同类型的专题规划和一系列的法规建设，缩小了地区差异，促使城乡发展逐步进入了一体化阶段。在西欧，以伦敦和巴黎等地区为代表，大都市地区实践了田园城市理论，城乡一体化最为成功；日本以四次国土综合规划为契机，通过对都市圈的综合整治，特别是对农村的大力开发，走了一条（过）疏（过）密（地区）平抑之路；在美国，若干大都市区依托丰富的资源优势，通过一定的规划，依靠市场力量，走出了一条自由推进之路。

20世纪五六十年代，发展经济学家提出二元经济结构理论，其中有著名的“刘易斯模型”，从工农两大产业变迁的角度来解析“刘易斯拐点”问题。第二次世界大战结束后，针对世界经济发展不平衡，众多西方经济学家提出了一系列区域经济发展理论。如非均衡增长理论、增长极理论、循环累积因果理论、中心-外围理论、传统农业改造论、田园城市理论等，其中二元经济结构论非常有影响力。最早运用“二元结构”这一概念的是荷兰经济学家伯克，集大成者则是美国经济学家刘易斯。1954年，普林斯顿大学经济学教授刘易斯在《劳动无限供给条件下的经济发展》一文中首次明确而系统地提出了发展中国家经济二元结构的理论模型。20世纪60年代初，耶鲁大学教授费景汉和拉尼斯在刘易斯假设的基础上进一步完善，形成了著名的刘易斯-费-拉模型。该模型认为，在发展中国家中普遍存在城市以工业为代表，农村以农业为代表的二元经济结构，经济发展就是要通过工业部门的扩张，吸收农业中过剩的劳动力，从而达到消除经济中工农之间及内部所存在的各种结构失衡的目的。

马克思主义经典作家对城乡发展与城乡关系也有很多的论述，马克思、恩格斯在批评资本主义制度、设想未来的社会主义时，总是把消灭城乡对立、城乡差距作为重要的内容和目标。中华人民共和国成立后，在一个小农经济占优势的农业大国里，如何实现社会主义工业化，是中国共产党面临的全新的课题。毛泽东、邓小平等对中国的工业化道路进行了艰辛的探索，对于如何正确处理工农、城乡关系，统筹城乡经济社会发展，做出了开拓性的贡献。回顾过去的艰辛探索，可以看出，既有成功的经验，也有失败的教训。由于复杂的原因，我国不仅具有一般发展中国家的二元经济结构，而且还因为1949年以来实行的优先发展重工业的战略和计划经济体制，使城乡二元问题不但没有得到解决甚至还变得更为突出。

我们现在的统筹城乡发展，主要是针对传统计划经济体制和二元经济社会结构下工农分割及城乡分治的发展状态而提出来的，它与解决“三农”问题相伴而生。“三农”问题在20世纪90年代末才被作为一个整体问题提了出来，从我国当前发展的实际来看，解决“三农”问题，也就是党和政府统筹城乡发展的主要实践。中国是一个历史悠久的农业大国，创造了世界领先的农业文明。中华人民共和国成立后，如何对待城乡关系，如何对待农业、农村、农民又成为执政的中国共产党面临的重大问题。

对于中国共产党人来说，可以借鉴的经验主要是两条道路：一条是早期资本主义国家的工业化的道路，基本是从发展轻工业开始，待资金等要素积累到一定程度才转向发展重工业。实际上，这就是循序渐进的发展道路。如果选择了这条道路，就可能走向多种经济成分竞争共存的市场经济体制。另一条是苏联的快速实现工业化的道路，即利用政权力量积聚要素向工业特别是重工业倾斜，从而在比较短的时间里赶上经济发达的资本主义国家。选择重工业优先的发展战略，实际上就是选择赶超的发展道路。选择了这条道路，就可能走向国有经济“独霸天下”的计划经济体制。选择哪一种发展道路，对于一个农业人口占大多数、经济发展很不平衡的大国是至关重要的，对于农业、农村、农民的影响是巨大的，对于国家现代化的进程的影响也是巨大的。

在1949年前后，刘少奇曾多次表示，在新民主主义革命胜利之后，不可能马上进行社会主义革命，而要先经过新民主主义的过渡阶段，尽可能地利用城乡私人资本主义的积极性，打好基础，以利于国民经济的发展，将来通过和平竞争和赎买的方式逐步进入社会主义。应当说，刘少奇的这一思想是很有弹性的，也可以看成是市场经济体制与计划经济体制的结合体。

后来，中国选择了优先发展重工业的战略。导致中国选择优先发展重工业的因素有很多，但最直接、最关键的原因有两个：一个是朝鲜战争的爆发使中国认识到必须加快工业化，尤其要加快发展重工业；另一个是苏联提供的全面援助促使中国走上了苏联模式的发展道路。

在一个以农业为主体的国家中优先发展重工业，必须依靠农业提供剩余资金，才能尽快实现工业化。在我国主要是通过工农业产品价格的“剪刀差”，低价收购农产品，把农业剩余转化为工业利润，再通过严格控制工业部门的工资水平，把工业利润转化为财政收入。同时，国家也从农业税收、农村储蓄等渠道获取大量的资金积累。从20世纪50年代开始，我国在较短时间内通过优先发展重工业等产业政策，建立起完整的工业体系。为了集中资金发展重工业，据权威部门统计，1952—1990年，通过税收从农业获取的资金为1500多亿元，通过价格“剪刀差”从农业获取的资金为6900多亿元，通过储蓄从农业获取的资金为1400多亿元，扣除国家对农业的投入，农业为工业化积累资金10000亿元。我认为，这种办法如果只实行一个较短的时期，还是必要的。很多国家在战争时期都使用这类的办法，并非我们独创。但时间一长，特别是长期施用于和平时期，就变成了一种很难改变的、带有刚性弊端的国民收入再分配体制。同时，为了避免城市化与工业化过早进行有限资源的争夺，相应地建立起了一系列的工业化配套制度和措施，在户籍制度、粮油供应制度、劳动用工制度和社会保障制度等方面强制性地把城市人口和农村人口隔离开来。这就是我们的城乡二元体制之所以这么牢固的原因。计划经济体有两个支柱：一个支柱是纯而又纯的国有企业制度；另一个支柱是城乡分割的二元体制。不把这两个问题解决，那么计划经济就还要发挥大的作用。所以，推进城乡统筹必须彻底改变我们的经济体制。

虽然20世纪50年代以后，中央把经济建设重点放在重工业上，但是，对于农业、轻工业、重工业之间的关系问题仍有相关的思考。1956年，毛泽东在中央政治局扩大会议上作《论十大关系》的报告就谈及了重工业、轻工业和农业关系问题。1957年，毛泽东在《关于正确处理人民内部矛盾的问题》的讲话中提出了“统筹兼顾、适当安排”的方针，进一步论述了经济建设中的重工业、农业和轻工业的关系，为国民经济提出了重要的指导原则。城乡之间关系、工农之间关系，应当说是一个非常重要的关系。毛泽东这代领导人在世的时候，由于国际、国内因素的影响没有条件来解决这个问题。我们现在进行的社会主义新农村建设不是一个新的概念，在20世纪50年代党的文件中曾多次使用这个提法。可以说，我们现在对于统筹城乡发展的理论认识和实践，应该从毛泽东时代算起。

改革开放以来，以邓小平为核心的党的第二代领导集体，根据过去多年的经验教训，转换发展思路，给农民自主权，尊重农民的选择，不再为国家的工业化而影响大多数农民的利益。从农村经济发展方面看，决策层改变了过去长期强调的农业为工业、农村为城市提供积累的贡献型观点，改变了过去长期强调的农民就地发展、主要依靠农业致富的思想，将农民向非农产业转移，探索城市支持农村的发展思路。

但这一认识的形成也有一个转变的过程。改革之初，国家很重视农业，在农业发展上推出一些好的政策。例如让农民休养生息，贫困区减免了各种税收，进口了将近200亿公斤粮食；重视社队企业，同意增加农业和农用工业投资，搞水利、化肥、机械等。这对农村群众情绪的转变是有帮助的。

一般认为，20世纪90年代初我国国家工业化开始步入中期阶段，即工农自养和平衡发展阶段。但是，城乡资金流动格局并未随着国家工业化发展阶段的改变而改变。1990—1998年间，国家通过财政渠道、工农产品价格“剪刀差”和金融渠道从农村汲取资金19，000多亿元，大量资金流出，造成农村资金短缺，农民增收困难，消费能力低下，影响整体经济发展。

这表明，无论是1949年以来一直存在的农业支持工业、农村支持城市政策的“剪刀差”现象，还是改革开放以来在“效率优先、兼顾公平”原则指导下优先发展策略，都是当前城市富裕、农村贫困现象的重要成因。我国的城市发展虽然也存在一定的问题，城市体制下的社会保障等体制还未健全，还需要进一步发展完善，但是城乡差距问题已经成为当前的主要矛盾，必须解决“三农”问题，才能实现城乡的健康协调发展。

我们现在的城市的确发展很快，一些城市的硬件与国外发达国家已没有太大的差别。高高的楼、宽宽的路，奥运会、世博会，这些充分体现了中国30多年改革开放的成果，也体现了我们集中力量办大事的制度优势。但是，我们一定要看到，我们还有很多偏僻的农村，如果政府不进行统筹发展，那么，那里的贫困还将继续。有些地方由于领导人具有战略眼光，发展得就好些。比如贵州省毕节地区，这个地方我去做过调研，自然环境十分差。1985年胡锦涛同志在贵州省任省委书记，向国务院申请并得到批准，把这个地区规划成生态保护、扶贫开发综合试验区，这是很有眼光的一件事，在欠发展地区把统筹城乡发展和生态保护结合起来。这说明统筹城乡发展要有多种模式，要根据区位条件、资源禀赋、发展程度等进行设计。这几年毕节发展很快，这是一个统筹城乡发展的成功案例。

党的十六大确立了全面建设小康社会的奋斗目标。十六大报告指出，全面繁荣农村经济，加快城镇化进程。统筹城乡经济社会发展，建设现代农业，发展农村经济，增加农民收入，是全面建设小康社会的重大任务。这一发展战略，标志着中国共产党人统筹城乡发展思想的进一步成熟。党的十六大之后不久，中央召开专题讨论“三农”问题的政治局会议。会上，胡锦涛同志提出将解决“三农”问题作为全党工作的重中之重。党的十六届三中全会明确提出科学发展观，确立了统筹城乡发展、统筹区域发展、统筹经济社会发展、统筹人与自然和谐发展、统筹国内发展和对外开放的五个统筹原则。统筹城乡发展作为五个统筹之首，作为城乡发展的重要战略部署被正式提出。

二、统筹城乡发展的政府责任

政府需要在统筹城乡发展中承担关键责任，这已成为当前全社会的共识。这是由我国的特殊国情和政府主导型市场经济模式决定的。农村人口占绝大多数，而且农民的市场能力不强是我国基本国情。这就需要政府承担更多的基础性、公共性建设的投入。当然，政府不是统筹城乡发展的唯一主体，在统筹城乡发展的不同阶段需要与市场、社会组织形成互动。另外一点很重要，这就是我国的市场经济模式问题。政府主导的市场经济模式，使我们的政府变为强势政府，有能力、有手段、有资金。

改革开放以来，以中央一号文件的密集颁布为标志，我国政府出现了两轮对农业、农村发展的集中关注。第一轮对“三农”问题的集中关注，以1982—1986年连续5个中央一号文件为标志。它以建立健全家庭联产承包责任制和发展乡镇集体企业为主要内容，形成了放权让利的改革特征，促进了农业、农村发展，也推动了工业、城市的发展。第二轮对“三农”问题的集中关注，以2004—2011年连续8年中央一号文件为标志。它以农业发展、农民增收为主要目标，形成了多予少取的改革特征，从而对改善农业生产、缩小城乡差距发挥了重要作用。这些都是政府统筹城乡发展的作用的体现。

统筹城乡发展的政府责任，首先来源于我们对发展阶段的判断。我国总体上已经进入“以工促农、以城带乡”的发展新阶段。工业反哺农业，是对工业化发展到一定阶段后工农关系、城乡关系变化特征的一种概括。这里的工业泛指非农业部门和城市，而农业则涵盖“三农”。工业反哺农业是指从用农业积累支持工业，转向加强对农业的扶持和保护。从国际上看，许多国家在工业化过程中都普遍经历过由农业为工业化提供积累转向工业反哺农业的过程。一般来讲，在工业化发展初期，农业在国民经济中居主导地位，为了创造更多的物质财富，提高整个国民经济的发展水平和人民的生活质量水平，要用农业积累支持工业发展；当工业化发展到一定阶段，工业已取代农业而成为国民经济的主导产业时，为了使工农业协调发展，此时必须加强对农业的扶持，实行由农业哺育工业到工业反哺农业的政策转变，这是世界多数国家普遍的做法。

例如，日本在战前处于以农养工阶段，从20世纪50年代末60年代初转向工业反哺农业阶段。韩国在20世纪60年代中期以前还从农业部门抽取工业化资本，自60年代末，它开始转向保护农业。许多国家的经验表明，当工业化、城市化进程加速，国民经济发展到工业对农业反哺期时，如果及时加强农业、反哺农业，整个国民经济就会协调健康发展，顺利实现工业化、现代化；如果处理得不好，继续挖农业、忽视农业，就会出现农业萎缩、贫富差距悬殊、城乡和地区差距扩大，加剧社会矛盾，甚至出现社会动荡和倒退。长期以来，我国经济落后、工业基础薄弱，国家建设资金主要用于发展工业和城市，农业部门为国家工业化提供了巨额的资金。这种向工业和城市倾斜的政策延续时间过长，使农业生产的物质、技术条件得不到应有的改善，使城乡居民在享受公共服务方面存在过大的差距。20世纪90年代中期，我国工业化水平大致已相当于日本50年代末60年代初和韩国70年代初的发展水平，主要差别在于我国城镇化滞后问题比较突出，这与我国长期实行城乡分割政策有关。以工促农、以城带乡，工业反哺农业、城市支持农村，这实际上是一个国家在工业化、城市化过程中处理工农关系、城乡关系所采取的政策措施。理论界对此进行了大量的研究，国内外发展经验都证明这一时期要充分发挥政府的责任。这是第一点。

统筹城乡发展政府责任的第二点，是由我国现在的市场经济模式所决定的。这是因为强势政府具有强大经济组织能力，能为统筹城乡发展提供规模宏大的资金，这是任何其他组织都无法比拟的。

我国进入现代市场经济有两个先天不足：一个是制度性问题；一个是公共

产品问题。从制度性问题看，中国没有重商主义传统和比较发达的近代工商业社会基础，计划体制又完全排斥市场经济活动。在这种情况下，中国的市场经济发展不是自下而上地进行，而是在执政党自觉改变观念后，由政府推动自上而下有组织地进行的。这种政府组织行为包括提出改革方针、制定城乡发展计划、财力投放重点等。可以说，在中国，市场这个“看不见的手”是由政府这个“看得见的手”扶植起来的。从公共产品问题看，中国幅员辽阔，市场经济全面启动后，有效提供公共产品的问题非常突出。从农业、农村、农民的角度来看，这些问题包括基本农田水利设施由谁来投入、农村的电网由谁来投入、农村医疗卫生由谁来投入等。当然，按照科斯原理，这些公共产品也可以在厘清产权的条件下由私人提供。但是，如果用这种方式提供公共产品，其交易成本一定会大得多，至少社会基础设施水平绝不会是今天这个样子，这一点几乎是无疑的。改革开放 30 多年，政府运用强大的经济组织力量，为农业、农村发展提供了一定规模的公共产品，为中国农村经济的持久发展奠定了良好基础。这种发展模式虽然存在很多问题，但还会存续一个很长的历史时期。

当前，统筹城乡发展，首先要做好的就是政府要加大投入力度，扩大覆盖范围，增加和改善农村公共产品供给。农村公共产品是指满足农村公共需要，市场不能提供或不能完全提供的，具有非竞争性和非排他性的社会产品。它包括有形的实物产品和无形的服务，涉及农村生产生活基础设施、公共事业、公共福利、公共服务等领域。一般而言，农村公共产品的供给主体是公共财政，也就是政府。长期以来，我国农村公共产品的供给大部分由农民提供，政府在农村公共产品供给中尚未发挥出应有的职能作用。

农村的公共产品除具有公共产品的一般属性外，还有一些特殊性：一个特殊性是范畴的相对宽泛性。这是由农业的弱质性和农民的弱势性决定的。农业生产周期长、规模狭小、组织形式分散、自然与市场风险较大、自我积累与发展能力低下；农民收入水平相对较低、贫困人群和弱势群体比重较大。因此，农业和农村经济的发展不得不在更广的范围、更多的环节上依赖于公共产品的支持。农村公共产品的外延较之城市公共产品更加宽泛，既有纯公共产品，又有更多的准公共产品。另一个特殊性是受益的局限性和运行的高成本并存。乡村布局的松散，人口分布不均衡且密度低，使得农村公共产品较之城市公共产品的受益范围相对狭窄，利用效率相对较低，建设成本和日常运行成本高于城市。

我在研究中感觉到，统筹城乡发展的政府责任，当前的重点是要做好：公共资源配置权下移和公共服务统筹权上移。这是对公共经济政策和公共社会资源由过去的偏重城市开始向县域和农村转换的状态的概括。实际上，这是政府的资源调整和配置问题。如果这个问题解决得好，就会带来私人资源的调整和跟进，以至整个社会资金、社会资源和社会资本在城乡统筹发展中的合理配置。

三、统筹城乡发展要处理好的几个问题

当前，城乡发展不平衡仍是我国现代化建设面临的突出矛盾，一些制约城乡协调发展的深层因素依然存在。总的看来，有这样几方面问题。第一，从市场属性来看，资源要素总是自发地向高收益高回报的产业和区域配置，特别是在工业化城镇化快速推进时期，更容易从农业转向工业、从农村跑到城市，存在着推动城乡差距扩大的内在动因。这一点我们从进入 21 世纪以来看得很清楚。第二，从制度惯性看，城乡二元体制延续时间长、积弊程度深，多重矛盾交织。用时任国务院分管农业工作的回良玉同志的话讲，就是有些方面改不动，有些改革难落实。实事求是地讲，我们统筹城乡发展的制度框架已搭建起来，党和政府也做了很多方面的工作，但长期形成的城市中心思想和干部政绩过分看重 GDP 增长的倾向，在不同层级干部中普遍存在。第三，从市场机制的自发作用与二元体制的运行惯性来看，利益格局的刚性制约相互叠加，统筹城乡发展更加艰难。这就要求要有顶层设计，要有推进工作的长效机制。

下面结合自己的研究，谈以下几方面问题。

（一）城镇化要让农民看到好处

城镇化是我国未来经济增长的动力，这一点大家认识比较一致。说城镇化是解决“三农”问题的一个大杠杆，这一点有少部分人反对。他们认为农业和

农村的发展自有系统，借助外力，农民的损失更大。由于特殊国情，我国是世界上城镇化过程最艰难、最漫长的国家之一。从历史上看，各国在工业化和城市化发展的初期一般都经历了城乡关系的非良性互动状态。从我国的具体情况来看，中华人民共和国成立前，为数不多的殖民地工业集中在城市，农村基本上处于自然经济状态，农民自给但不能自足。这一时期城市发展对农村资源的需求处于自然交换之中，农民向城市迁移数量不多，不存在行政限制。中华人民共和国成立后，为实现保证重工业优先发展的赶超战略，国家颁布了一系列政策和法令，限制农民向城市流动，配置生产要素向城市倾斜。这些做法，在保证国家战略目标的同时，客观上强化了城乡二元经济社会结构，逐渐形成了非良性互动的城乡关系格局。改革开放以来，特别是党的十六大明确提出统筹城乡经济社会发展的大战略以来，城乡良性互动发展趋向越发明显。近些年，农业和农村的发展受益于工业化和城镇化，使得大量的农村劳动力转移出来，农民的工资性收入已超过总收入 50% 以上。这是一个很大的成就。“十二五”规划提出明确目标，要在“十二五”末期使城镇化率达到 51.5%。2010 年底我国的城镇化率是 47.5%，就是说在今后五年中城镇化率每年要提高 0.8%。城镇化率每年提高 0.8% 的任务不难实现，因为在过去的 10 年中，我国的城镇化率平均每年提高 1.13%，2000 年城镇化率是 36.2%，2010 年城镇化率达到 47.5%。中央农村经济工作领导小组办公室主任陈锡文认为，我国的城镇化建设存在两个问题：第一，很多人是“被城市化”的。一些专家提出的最尖锐的批评是，我国的城镇化是“伪城镇化”，因为有相当大的一部分人并没有享受到市民待遇却被统计为城镇居民，比如进入城镇务工的 1.5 亿农民没有城镇居民的权利和待遇，但是却被统计为市民。世界范围内的主要国家都是按居住地统计，但是我国的情况复杂。我国目前的城镇化率降低 12% 才能真正反映我国的城镇化水平，也就是说，我国实际的城镇化水平是 35% 左右。第二，低成本的城镇化推进不可持续，它会使经济问题演变为社会问题。我国的快速城镇化与低成本推进有直接关系，包括低地价、低工资和大量污染排放的低成本治理。过去一两万元就可以从农民手里征地，现在越来越难，还易引发群体事件，造成社会不安定。农民工工资也在一直走高。老百姓的环保意识和可持续发展意识在提高，不允许污染随便排放。应该客观理性地分析我国的城镇化。

对绝大多数的城市居民来说，城镇化已经改善了他们的生活水准，比如住房在改善，环境在改善。但是对农民来说，以往的城镇化却在某种程度上意味着土地被拿走了，房子被拆掉了，进城后还没有应有的权益。

（二）农村土地资本分配得当是当前统筹城乡发展的关键

工业化、城镇化发展除了大幅提升经济总量外，还将逐步占用农民的土地，这是符合规律的。中国的国情决定，在工业化、城镇化发展的背景下，既要关注耕地减少的数量，又要注重农村土地制度的创新。统筹城乡发展，需要很大的投入。完全依靠政府投入是不现实的，很重要的一个方面是盘活农村的资源和农民的资产。这个资源、资产中最大的可利用的部分就是农民的土地。使农村土地部分资本化并分配得当，就可以支付统筹城乡发展的费用。在现行的体制下，城市发展的特点是通过土地财政和土地金融来发展城市经济。土地财政主要包括与土地有关的税收，目前地方政府最看重的是土地出让金，这是土地出让收入最主要的部分。资料显示，“十一五”期间，我国土地出让收入逾 7 万亿元，2010 年全国土地出让成交总价款 2.7 万亿元，同比增加 70%。城市发展对土地的依赖有增无减。利益分配不合理，加剧了城乡矛盾，土地出让制度亟待进一步改革完善。农民最重要的资产是土地，而目前的城市化征地制度廉价拿走农民的土地，农民只能获得极低的价格补偿，农民基本上被排除在增值享受之外。我国 30 多年的高速增长，很大一部分财富来源于土地和各种资源的开发，土地财政是地方政府的主要收入来源。发展城市与工业都需要用地，这些土地都是使用农民的地，目前城市发展 95% 以上是通过征地来实现的，而地方政府每年卖地的收入都在大幅度上涨。不少地方土地出让金与其他财政收入比起来，有时甚至比其财政预算收入还要大。大量的土地收益集中在城市，农民被排除在受益群体之外，使部分地区城市繁荣，农村贫困。据中国社会科学院农业发展研究所张晓山测算，在未来 20 年中，有大量农用地转为非农用地，这部分资本化的土地资源如果分配和使用得当，完全可以支付消除城乡二元结构，促进城乡经济社会协调发展、实现农业现代化所需的运作成本。中央一号文件明确规定从土地出让收益中提取 10% 用于农田水利建设，这是对土地资本分配方式的一次校正。

（三）农户的经营主体地位不应动摇

近年来，随着国家不断推出惠农政策，农村面貌、农民收入都有很大提高。但不容忽视的是，一些地方政府在推进新农村建设时，时有侵蚀农民利益的现象发生，农户在生产经营中的主体地位受到侵犯，这给农业的发展、农村的稳定带来不利的影响。目前新农村建设主要有政府主导、资本主导和农民主导三种模式。在政府主导模式中，官员在政绩推动下，极容易实行强制命令，使得农民根本利益受损。由于资本的逐利性，资本主导模式虽然解决了新农村建设中的资金短缺问题，但很容易造成资本从农业收入中获取大部分收益，而农民只能享受少部分利益的局面，致使农民长远利益受损。而在农民主导模式中，由于一切都按照农民意愿进行，农民的经济收入、生活便利状况和社会保障情况都较理想。农民主导在某种意义上讲，就是确保农民占主体地位。中央在指导解决“三农”问题的文件中多次指出，推进社会主义新农村建设，必须坚持农村基本经营制度，尊重农户的主体地位，农村的主要居住人口是农民，建设新农村主要是为了广大农民得实惠。农业实行家庭经营，是农业本身的特性决定的。从世界各国农业生产的情况来看，尽管经营规模有很大差异，但基本的经营主体都是农户。我国农业人口数量庞大，稳定农户的经营主体地位，对农业生产的稳定发展，对农村乃至整个社会的稳定，都具有特殊重要的意义。稳定农户的经营主体地位，绝不是维持传统的小农经济，而是要在稳定家庭承包经营的基础上，大力发展农民的合作经济组织，大力完善农业社会化服务体系，为家庭经营向农业现代化迈进不断完善外部环境和条件。当前，一方面要鼓励和引导家庭经营向采用先进科技和生产手段的方向转变，增加技术、资本等生产要素投入，着力提高集约化水平；另一方面要促使统一经营向农户联合与合作发展，向形成多元化、多层次、多形式经营服务体系的方向转变，着力提高农业经营的组织化程度和社会化服务水平。

（四）应注重现代农业的发展

解决“三农”问题，我们多年来的工作路径主要是：以非农手段解决农业问题，以城市化解决农村问题，以劳动力的转移解决农民问题。这主要是依靠改革开放30多年工业化、城市化的发展成果解决“三农”问题，这种做法取得了一定的效果。实践证明，单是依靠“三农”外的发展途径不能完全解决“三农”问题，必须重新以农业、农民和农村为发展对象来认识和解决问题。在“十二五”规划中提出，在工业化、城镇化深入发展中同步推进农业现代化，这是今后一定时期的一项重大任务。我认为，这是决策层对解决“三农”的工作方式、方法所做的调整。当前，我国已进入工业化、城镇化快速推进、现代化加快发展的关键阶段，农业的支撑保障任务日益艰巨。随着城市人口增多，生活水平不断提高，客观上要求农业提供更多、更好、更安全的食物和原料。我国农民人口庞大，在现代化过程中，还要解决好农民问题，包括农民转移就业、增收及农民城镇化问题，从而为农业规模化、专业化创造条件。同时，我们也要看到，我国农业现代化建设明显滞后于工业化和城镇化，农业基础还比较薄弱，成为现代化建设的瓶颈。现阶段农业中现有的生产要素无力承担发展现代农业的要求，可行的是在农业中引入现代生产要素，其中最为紧迫的是科技要素。农业科技要素大致有两方面内容：一个是生物创新，培育优良品种，改进农产品品质和提高农产品附加值；另一个是机械创新，增加农业剩余和节省劳动力。在我国这样的农业人口众多的大国，目前机械创新的能力较强，虽然机械创新成果的应用可以让更多的农民从土地上转移出来，但其成果应用在很大程度上受就业压力的抵制。这样农业技术创新更为重要的是生物创新。这种创新使农产品在品种、品质和附加值上得到提升，而且直接关系到环境和生态等方面的可持续发展，代表着农业现代化的方向。但相比机械创新，我国生物创新的能力严重不足，难以满足日益增长的社会需求。因此生物技术创新越来越成为农业技术创新的重点。对农业的科技要素投入，包括农业科技的科研、研发、推广和应用等各个环节的投入。根据现代农业发展的要求，农民所需要的科技要素，是可以直接采用的现代科技的投入品，如优良品种、现代农药和肥料、现代农业机械、种植和培育技术。因此，由政府引导的农业科技投入的对象就出现了结构问题，科技投入就不能或者说主要不是直接给予农民，而是给予科研机构从事农业科技和研发的投入，这是农业技术进步的基础。

（五）统筹城乡发展中的省直管县改革问题

在建立和完善市场经济体制的进程中，20 世纪 90 年代以来，我国有部分省尝试对市县经济管理体制进行改革。根据中央有关部门的统计，我国有 24 个省份对 818 个县（市）陆续进行了财政体制省直管县的改革试点，约占全国县级总数的 40.8%。还有 8 个省份选择 219 个县进行了强县扩权和扩大县级政府经济社会管理权限等省直管县的试点，并有继续扩大和纵深推进的趋势。在这项改革中，浙江、海南、重庆、吉林等省市各有特色。各地的改革探索预示着我国经济社会发展进入新发展阶段后，公共管理的创新和突破进入密集活跃期。人们注意到，自 2005 年时任国务院总理温家宝在全国农村税费改革工作会议上提出“具备条件的地方，可以推进‘省直管县’的试点”以来，国家“十一五”规划在完善财政体制方面中提到“理顺省级以下财政管理体制，有条件的地方可实行省级对县的管理体制”；在推进政府职能转变方面中强调“优化组织结构，减少行政层级”。中央在一号文件等不同文件中对省直管县改革问题已数度提及，有条件的地方可加快推进省直管县财政管理体制改革，进一步扩大县级政府社会管理和经济管理权限。鼓励有条件的省份率先减少行政层次，依法探索省直接管理县（市）的体制。2009 年 6 月 22 日财政部发布《关于推进省直接管理县财政改革的意见》，要求在 2012 年底前力争在全国（民族自治地区除外）全面推进省直接管理县财政改革。这些重要的指导意见，彰显出中央鼓励地方大胆探索、推进行政管理体制改革的决心，预示着政府改革已经从减人、减事和合并机构的调整，开始扩展到“减少行政层级”的结构改革上。统筹城乡需要改变资源配置，政府管理体制也需要有重要突破，而省直接管理县（市）的体制改革探索极有可能担负起创新的重任，值得高度重视。有些人担心，进行省直管县体制改革可能导致资源分散，对城镇化不利。我们认为，不能够把省直管县体制改革与城镇化对立起来，两者是互相促进的关系。搞好省直管县体制改革，有利于城镇化进程。当然，省直管县体制改革要想获得比较理想的实际效果，需要分类进行，不搞一刀切。对具备条件的地方，要进行渐进式配套改革：第一，核心在于转变职能，明确省、市县政府的职责重点。第二，关键在于下放权力，激活县级政府发展潜力。第三，调整和完善垂直管理体制，进一步理顺和明确权责关系。第四，财权与事权要匹配，以事权确定财权。第五，合理核定县的机构设置，调整各类机构人员配备。第六，缩小省级政府管理规模和幅度，推进行政区划改革。第七，调整县级行政区划设置，创新市制。第八，在发展中解决前进中的问题，正确处理局部与全局的关系。

（六）统筹城乡发展中市镇体制问题

市镇体制创新是城镇化进程中的一个重要命题，是城镇化发展战略的主要内容。据预测，今后 40 年中国城镇化速度如每年增长 0.7 个百分点，每年有近 1000 万人要进城，到 2050 年城镇化水平要达到 75%，增加 3 亿—4 亿城镇人口，仅发展现有的 655 个市是不够的。专家提出，县改市不能长期停滞不动，要选择资源环境承载力较强、经济聚集程度较高、人口相对集中、公共基础设施较为完善的地区，要选择合适的中小城市和特大型乡镇，承接现有城市地区经济转型、产业升级、结构调整后转移的产业，承接城镇化进程中转移的农村人口，使之逐步发展成为新的经济增长区和人口密集区，以此促进工业与农业、城市与乡村统筹发展、全面发展，实现城乡一体化。市镇设置模式是市镇体制创新的表现形式。中国的市镇设置模式主要有两种：一个是改革开放前的切块设市，即将县里工商业比较发达的地方划出一块设市，例如从原番禺县划出来的广州市，从原无锡县划出来的无锡市。另一个是改革开放以来采用较多的整县设市，即撤销县，设立市。撤县设市较之切块设市有两个优势：一是减少了一套行政机构，节约了行政管理成本。二是市的发展空间较大，有利于城市的长远发展。近年来，由于城市发展的需要，一些切块设市的城市将周边县的一部分或整建制划入市区，扩大城市的空间范围，例如原番禺县改为广州市的市辖区，原无锡县改为无锡市的市辖区。中国的区域差异较大，市镇设置模式应坚持点面结合、双域型全方位推进原则。对经济实力强、人口聚集规模大、城镇化水平高的特大型乡镇采取点状的切块设市模式，对区位优势明显、发展前景广阔、经济发展潜力较大的县域采取面状的整县设市模式。当前，中国城市发展的区域差异很大，布局比较分散，聚集规模还不够，有的中心城市被周边县（市）包围，发展空间受到限制，城市的集约优势难以发挥。对县改区的调整不能一刀切，不该改的不能改，但该改的还是必须改，否则阻碍经济社会发展。如有的地方县包围市，县市关系密切，应该考虑将这些地方进行市县整合，以充分发挥中心城市的资金、技术、人才等方面的优势，优化资源配置，减少重复建设，促进区域经济社会全面协调可持续发展。对于市县相距较远且联系不密切的则不宜将县改为市辖区。

（原载《低碳经济与发展方式转型》，国家行政学院出版社 2012 年版，节录）

建立统筹城乡公共服务体制的难点和重点

当前，我国的经济社会结构和利益主体正在发生重要变化，社会矛盾和社会问题日益突出，并已成为世界上收入差距比较大、城乡差距比较严重的国家之一。“十二五”时期，是我国经济社会发展方式转型和城乡统筹的关键时期。为了有效破解难题，奠定城乡一体化最重要的制度基础，统筹城乡发展的重点应当是：举全国之力建立统筹城乡的公共服务体制。

一、建立统筹城乡公共服务体制的理论依据

只有理论上坚定才能在实践上一往无前。建立统筹城乡公共服务体制，促进城市与农村协调发展是世界各国在经济发展过程中曾经面临或正在面临的一个共同问题。对于这个问题的认识，发展经济学已有一套成熟的理论框架。中国共产党提出的科学发展观为我国建立统筹城乡公共服务体制提供了充分的理论依据，我们需要更加清晰地、清醒地思考这些问题。

一是二元经济发展理论。发展经济学家刘易斯，在 20 世纪 50 年代中期出版的《劳动力无限供给下的经济发展》一书中指出：发展中国家一般存在着性质完全不同的两个经济部分，现代工业部门和传统农业部门。经济发展的重心是统筹农业向现代工业过渡的结构转换，经济发展的过程就是通过扩大现代工业部门来为农业剩余劳动力提供就业机会。只有当传统部门隐蔽失业的或不充分就业的劳动力得到充分就业，发展中国家才能摆脱贫困，实现经济起飞。美国经济学家刘易斯的这一研究首次明确而系统地提出了发展中国家经济二元结构的理论模型。20 世纪 60 年代初，美国经济学家费景汉和拉尼斯在刘易斯假设基础上进一步完善了这一模型，由此形成了著名的刘易斯-费-拉模型。这

一模型认为，现代工业部门和传统农业部门相互影响、相互联系，必须保持平衡发展。这一理论认为，加快农业剩余劳动力向现代工业部门转移是实现城乡统筹的重要途径。这一理论对于我国统筹城乡发展模式选择具有重要影响，为我国促进农村富余劳动力向非农产业和城镇转移、消除体制性障碍，建立城乡一制公共服务体系提供了理论依据。

二是人力资本理论。美国经济学家舒尔茨在20世纪60年代提出了人力资本理论，强调劳动力要素具有非同质性，素质低可能成为经济发展的负担，素质高则会成为经济发展的条件。在经济发展中，国民收入的增长比国民资源的增长要快，人力资本对经济增长的贡献不仅比物质资本、劳动力数量的增加重要，而且比规模扩大所造成的收益和资本品质的改进重要，通过增加农村教育投入而提高农村人力资本是实现城乡统筹发展的基础。人力资本理论为我们在城乡统筹过程中加快发展农村教育、文化、卫生等社会事业，大力开展农村劳动力先进适用技术学习、创业、转业培训，培养高素质的人才，赋予农民平等发展机会，将我国丰富的劳动力资源转化为强大的人力资本，提供了理论依据。

三是地理二元结构理论。缪尔达尔在《经济理论和不发达地区》一书中指出，由于经济发展带来商品、资本、人员、技术等要素的自由流动，会使先进的地区更先进，落后的地区更落后。为了避免“循环累计因果关系”的影响，防止地区发展中出现两极分化，不能消极等待市场力量发生作用，必须由政府制订相应的政策，刺激和帮助落后地区加快发展。缪尔达尔的“地理上的二元结构”理论充分肯定了政府在城乡统筹中的重要作用，成为城市化理论中城乡协调发展的经典理论。这为我国充分发挥政府在推进城乡统筹协调发展的重要作用，如调整收入分配格局，引导公共资源向农村流动，深化农村各项改革，促进农业和农村经济机制转变和制度创新，提供了重要理论依据。

四是城乡协调配套改革理论。城乡协调配套改革理论是随着改革开放实践进程的不断推进而逐步展开的。改革之初更多地表现为对一些地方城乡结合发展经济实践的初步理论思考，到20世纪八九十年代，这一理论趋于成熟定型。吴敬琏是这一主张的主要代表，他和周小川于1988年明确提出，要把城乡协调配套改革作为经济体制中期改革的一个重要指导思想，并把这一指导思想贯彻到以他们为首的课题组提交给国家体改委的经济体制中期（1988—1995年）

改革规划纲要之中，强调只有城乡改革协调推进，才能形成工农、城乡经济发展互相促进的格局。对这一思想，吴敬琏、刘吉瑞在他们合著的《论竞争性市场体制》一书中进行了深入的分析讨论。他们强调，各国的经验表明，不能把农民挖得太苦，对农业掠夺过头反而会破坏这个积累源；农业对工业的这种推动作用是有限的，工业化的进程一旦启动，持续的动力就要靠工业本身来提供。如果在农业革命的最初推动下，工业发展取得较大的突破，然后由工业来带动国民经济的发展，帮助农业完成技术改造，推动农业的进一步发展，就能出现良性循环的局面。这一研究为后来国家出台“多予少取放活”的农村经济政策起到重要的理论支撑作用。

五是以共享增长促进社会和谐理论。鉴于收入差距的不断扩大会产生严重的不良后果，特别会增加社会不安定因素，增长改革的阻力与难度，从而影响经济增长和社会发展，林毅夫等人经过研究认为，以共享式增长为基础的发展战略是中国构建和谐社会的有效途径。一方面，构建和谐社会需要经济保持高速、有效和持续的增长；只有通过经济增长，才能创造大量的就业与发展机会。另一方面，构建和谐社会也需要消除各种各样的机会不平等，以增强增长的共享性。从发展经济学角度看，林毅夫等人的研究对城乡统筹理论建设有重要意义。为了保持经济又好又快发展，中国应继续发展有比较优势的劳动密集型产业，以及资本密集产业里面的劳动密集区段，从而尽可能在一次分配领域达到效率和公平的统一。而为了促进农村地区机会的平等，我国需要确保国家对教育、卫生等基本公共服务的投资，建设有效的社保体系，并设法消除目前城乡二元的福利体制。收入再分配也是实现共享或增长的一个重要方面，但是再分配的目的不是简单地实现收入均等化，而是通过促进与实现机会的平等来改善收入分配。对于我国未来统筹城乡发展而言，重要的是要避免两个倾向：一个倾向只顾高速度的增长而忽视了与农村群体共享增长；另一个倾向是过度依赖政府再分配的手段来实现收入的均等化。国际经验表明，这两种政策倾向都会对经济发展的效率与可持续性产生不良影响。

六是统筹城乡发展理论。统筹城乡发展是中国共产党在总结几十年处理城乡关系和解决“三农”问题实践经验的基础上，从党的十六大开始提出的一个全新的思想和方针，是科学发展观的重要内容。统筹城乡，就是把城乡作为一个整体，把解决“三农”问题放在优先位置，改变城乡分割的“二元经济社会结构”，通过城乡统筹的体制改革和政策调整，促进城乡协调发展。城乡统筹具有丰富的内涵，体现在经济和社会发展的方方面面。统筹城乡发展理论实质是给城乡居民平等的发展机会，要求通过城乡体制创新和政策调整，促进城乡各种资源要素的合理流动和优化配置，不断增强城市对农村的带动作用和农村对城市的促进作用，缩小城乡差距，使城乡经济社会实现均衡、持续、协调发展。该理论的提出，为建立城乡公共服务体制提供了重要的政策依据。

二、建立统筹城乡公共服务体制的重点和难点

从发展经济学的理论演进和中国共产党科学发展观的认识高度来看，统筹城乡公共服务体制，可以引导公共资源在城乡之间合理分配，是破除城乡二元体制实践的重点。“十二五”时期，是我国经济社会发展方式转型的关键时期。为了有效破解难题，为城乡统一经济社会政策奠定最重要的制度基础，统筹城乡发展的重点应当是：举全国之力建立统筹城乡的公共服务体制，而建立统筹城乡公共服务体制的重点和难点也要明确。

根据我国经济体制改革和国民经济发展的总体规划，到 2020 年我国要实现全面建成小康社会的奋斗目标。这一时期农村最缺的就是基本公共服务。现在我国已由生存型阶段进入发展型阶段，“生存性”压力减弱，“发展性”压力凸显。发展性问题的一个重要表现就是全社会对公共产品的需求全面快速增长。由于我国农村历史欠账多，目前公共财政覆盖农村的范围和深度还不够，城乡居民在享受公共服务方面的差距依然过大。因此，保障和改善民生，建立统筹城乡公共服务体制的重点，最繁重的任务依然在农村。要把基础设施和社会事业发展的重点放在农村，加大公共资源向农村的投入力度，提高农村基本公共服务水平。

近年来，各级政府加大了对农村公共服务供给的投入力度，在构建农村基本公共服务体系方面取得明显成效，但与城镇相比，仍存在着相当大的差距。

城乡基本公共服务供给失衡的制度因素，在于城乡分割体制强化了二元结构，延缓了社会转型的进程，并由此造成城乡居民基本权利和发展机会的不平等，使城乡差别制度化。进入新阶段后，我国农村潜在的基本公共需求开始变成全面的现实要求。适应这个变化，为广大农民提供基本而有保障的公共产品，已成为新阶段统筹城乡发展的重点。现实情况表明，基本公共服务是缩小城乡差距的重要因素，能够尽快扭转资源要素配置向城市倾斜的局面，促进城乡资源均衡配置。要将政府的公共资源更多地投向农村，促进城乡基本公共服务均等化。统筹城乡发展的基本要求，就是加大各种要素向农村的覆盖，帮助农村更快地发展。

国际经验表明，农村人口向城市转移，农业劳动力向非农产业转移，农民工向市民转化是一个国家工业化、现代化进程中的必然趋势和基本规律。在这里，我们还要强调一个重点中的难点问题，即要明确政府对农民工公共服务的责任，建立对农民工公共服务的政策体系。上亿数量的农民工市民化问题是中国城市化进程中的特有现象。我国农民市民化的进程不是西方国家工业化进程普遍的“农民—市民”模式，而是总体上呈现出“农民—农民工—市民”的路径。建立和完善一套有利于农民工融入城市的政策和制度体系，是实现国家和谐发展和科学发展的最重要的基础工程，也是在中国这块土地上真正实现以人为本的标志性工程。

我国阻碍农民工市民化的因素有很多，既有制度的因素，也有社会的因素，更有政府努力不够的因素。从改革30多年的实践来看，单单依靠农民工自己的艰辛努力乃至“赵本山办学校”和“总理帮助讨工钱”是难以真正实现的，仅仅靠新闻媒体的同情心乃至“焦点访谈”式的挖掘分析推动也是难以解决根本问题的，完全靠地方政府践行中央精神每年打造多少民生工程也只能算是“杯水车薪”，而以为中央多发些一号文件就能够使问题有根本性好转乃至彻底解决的想法也过于简单。要真正农民工解决问题，加快创造城乡统筹的基本公共服务体制和机制尤为重要，后者具有导向性和决定性。现在看来，农民工问题不仅仅是经济问题，也不仅仅是社会问题，它是非常复杂的政治经济学问题，需要我们站在事关党和国家前途命运的高度来认识。我以为，要真正解决这些问题，就必须形成持久的全社会的高度重视和合力帮扶，而政府在所有力量和要素中担负着最重要最关键的职责，它在建立和完善城乡统筹的公共服务体制上应该发挥更大的主导作用，集中力量办大事。在这件事情上，甚至不要怕人们议论再次充当“全能政府”。

当前，城乡基本公共服务的失衡，集中地体现在农民工群体上。农民工的基本公共服务供给问题既涉及地区协调，又涉及城乡对接。比如，基本社会保障问题因受到当前城乡和区域制度性分割因素的制约，无法有效运作。这就需要中央政府统一政策，解决流动人口基本公共服务属地管理等相关问题。农民工的基本公共服务供给问题比较复杂，既要考虑城市的承受能力，又要照顾到不同类型农民工的基本需求。总的来说，农民工在流入地创造财富，成为流入地政府的纳税人，理应享受到当地居民已享受到的基本公共服务。农民工流入地政府应承担更大的责任，统筹规划解决。据统计，截至2009年底，北京市实际常住人口已达1972万人，其中居住半年以上的流动人口726万人。按这种态势增长，2020年北京常住人口预计将达2500万人。有关课题组认为，在人口服务管理上，政府部门各自为政，未形成工作合力，服务管理法规不健全，协作配合的服务管理机制尚不健全。① 如此大量的人口，人口管理上漏洞百出，可以想象北京市的其他公共服务又如何呢？农民工及其子女的教育、医疗、保障等能够得到公平的解决吗？根据我的观察，问题很多，解决的难度很大。其他地方政府对农民工的公共服务体系建设与北京相比，情况同样不容乐观。

我国政府对农民工的态度总体上经历一个“只管理不服务”的阶段，现在正处在“重管理轻服务”的阶段，将来应当进入“寓管理于服务”的阶段。当前仍然有不少城市政府在这个问题上工作没有把工作做到位，对农民工的态度依然是“经济吸纳、社会拒入、政治排斥”。这些城市政府必须彻底转变理念，将农民工视为城市的一员，把农民工当作享有公共服务的有机组成部分，在制定城市公共设施建设规划、经济社会发展规划时，切实考虑农民工对公共服务的现实要求，建立有利于农民工享受公共服务的工作机制和合理政策。虽然城乡收入差距一时难以缩小，但政府可以通过提供公共服务，逐渐改善农村居民

① 沙沙：《2020年北京常住人口预计达2500万》，《新京报》2010年7月17日。

的工作和生活条件。像我国这样人口众多的大国，如果农民进城才成为市民，那么现有城市无论如何也难以消化数量庞大的进城农民。解决的方法就是让大部分有外出意愿的农民，工作和生活到中小城镇，政府把高质量的教育、文化医疗设施办到这里，增加农村特别是城镇的公共产品和公共设施的供给。由此给统筹城乡发展又找到一个实践模式。

三、建立统筹城乡公共服务体制需调整资源配置

中华人民共和国成立以后，我国实行了优先发展重工业的战略，强化计划经济体制，使城乡二元结构逐步固化。我国不仅具有一般发展中国家的二元经济结构，甚至还拓展为城乡政治二元、社会二元、文化二元的复杂局面。长期的城乡二元结构带来了我国城乡发展多种失衡，公共物品和公共服务供给失衡，农村基础设施建设长期不足，社会保障体系严重缺位；要素投入失衡，农村经济发展缺乏投资支撑，长期出现要素净外流；收入比重失衡，农民收入增长非常缓慢，具有差距拉大的趋势；等等。这些不平衡贻害甚深。

改革开放后，中国特色的工业化、城镇化建设加快推进。但是，因制度因素而形成的城乡二元经济社会结构没有彻底改变。从过去中央政府和省政府的财政预算、决算报告可以发现，国家在教育、卫生、社保等公共事业方面对农村的投入依然偏少，常常是绝对数在上升，但相对比重却在下降，而且又出现了“财权上移与事权下移”“财权与事权不匹配”和县乡两级政府“负债面广和负债数额高”的新问题。一些地方不和谐因素在积累，基层社会稳定面临许多新挑战。

现在，城乡发展不平衡仍是我国现代化建设面临的突出矛盾，城乡居民收入、消费水平等方面的差距还在扩大，城乡基础设施、社会事业等方面的差距十分明显，制约城乡公共服务协调发展的深层次因素依然存在。从市场属性看，资源要素总是自发地向高收益高回报的产业和区域配置，特别是在工业化城镇化快速推进时期，更容易从农业转向工业、从农村流入城市，存在着推动城乡差距扩大的内在动因。从制度惯性看，城乡二元体制延续时间长，积弊程

度深，多重矛盾交织，多方利益纠结，有些方面改不动，有些改革难落实，传统体制仍然在许多方面、以多种方式顽固地发挥作用。更要看到，市场机制的自发作用与二元体制的运行惯性同步共振，利益格局的刚性制约与传统观念的严重桎梏相互叠加。

改变二元结构，实现城乡基本公共服务的均等化需要多方面的努力，而统筹城乡资源配置对一个地区或一个国家经济和社会发展则有非常重要的推动和影响。我们把这种推动和影响简要概括为两个重要的现象或概念："公共资源配置权下移"和"公共服务统筹权上移"。这是对公共经济政策和公共社会资源由过去偏重城市开始向县域和农村转换的状态的概括。实际上，这还只是"公权市场"里的资源调整和配置问题。如果这个问题解决得好，就会带来"私权市场"里的资源调整和跟进，促进整个社会资金、社会资源和社会资本在城乡统筹发展中的合理配置。

参考文献：

1. 迟福林：《第二次改革：中国未来30年的强国之路》，中国经济出版社2010年版。

2. 郭翔宇、颜华：《统筹城乡发展：理论、机制、对策》，中国农业出版社2007年版。

3. 黄坤明：《城乡一体化路径演进研究》，科学出版社2009年版。

4. 回良玉：《加大统筹城乡发展力度，进一步夯实农业农村发展基础》，《新华文摘》2010年7期。

5. 林毅夫等编：《以共享式增长促进社会和谐》，中国计划出版社2008年版。

6. 农业部课题组编：《新时期农村发展战略研究》，中国农业出版社2005年版。

7. 吴敬琏、刘吉瑞：《论竞争性市场体制》，广东经济出版社1998年版。

8. 魏礼群：《正确认识和高度重视解决农民工问题》，载《魏礼群自选集》，学习出版社2008年版。

9. 徐增阳、吉赞：《农民工市民化：政府责任与公共服务创新》，《新华文摘》2010 年 12 期。

10. 中国（海南）改革发展研究院编著：《中国农村改革路线图》，世界知识出版社 2010 年版。

11. 赵勇：《城乡良性互动战略》，商务印书馆 2004 年版。

12. 张占斌主编：《统筹城乡经济发展》，国家行政学院出版社 2011 年版。

（原载《天津行政学院学报》2011 年第 3 期，节录）

后　记

本书系“城镇化与省直管县改革：模式、战略与政策”课题的主要研究成果。“城镇化与省直管县改革：模式、战略与政策”课题，系2011年7月经全国哲学社会科学规划办公室批准立项的国家社会科学基金重点项目（项目号：11AGL007），原定两年完成，2013年7月结项。研究期间，我参加了2012年国家行政学院省部级领导干部城镇化专题研讨班的筹备工作，参加了2013年中央城镇化工作会议文件起草工作，对如何走出一条新型城镇化道路有了更多的感悟。也有多位地方领导和专家，就我国在全面建成小康社会背景下新型城镇化发展与省直管县体制改革的关系，提出了宝贵的建议。他们希望在省直管县体制改革的研究中，更多地关注推进新型城镇化在行政体制方面面临的突出问题，多增加一些关于县域发展和市镇体制创新的思考，并争取把它们之间的关系梳理得更清楚些。

我做了认真反复的思考，感到这些建议非常重要，也特别接地气，如果能够在课题中认真回应这些问题，这项课题将更有意义。经申请，结项推迟到2015年7月。至于正式出版，又拖了两年多。虽然时间拖了些，但研究问题更加深化了，重点更突出了。省直管县改革是新型城镇化发展和优化地方行政区划设置的结合点，这项改革如果能够不断突破，有助于走出一条新型城镇化道路来。在这方面，人们的认识还不够深入，认识也不一致，还需要在经济发展新常态的背景下，不断加快省直管县体制改革的理论研究和实践探索。

城镇化发展问题、省直管县改革问题，是近十多年来我研究的重点领域。在这期间，我做了如下相关研究工作：（1）先后主持了“海南省省直管（市）县体制改革研究”“省直管县改革背景下国家电网公司发展研究”“中西部地区经济发达县设市研究”“省直管县研究”等省部级课题；（2）出版了《省直管县体制改革的实践创新》《中国省直管县改革研究》《解析新型城镇化》等学术专著；（3）撰写了“推进省直管县改革”“日本酝酿构建州道制的地方行政架构”“创新市镇体制、推进城镇化发展”“新型城镇化进程中的经济发达镇设市建议”等多个报送中央领导的“送阅件”，有的获得了国务院领导同志的批示；（4）长期对河南省巩义市、永城市，安徽省广德县，江苏省昆山市，吉林省梨树县，江西省丰城市，新疆维吾尔自治区库车县等省直管县改革试点县（市）跟踪研究；（5）在国家行政学院、在地方政府等地多次与学员和干部座谈省直管县改革议题；（6）主编了《中国新型城镇化健康发展报告》蓝皮书，2014年版，2016年版。这些工作积累，对完成课题研究任务，奠定了比较好的基础。

这项课题研究得到中国行政体制改革研究会会长魏礼群教授、国家行政学院原副院长唐铁汉研究员、中共中央党校原副教育长王瑞璞教授、中国（海南）改革发展研究院院长迟福林教授、北京大学政府管理学院党委书记周志忍教授、北京师范大学政府管理学院院长唐任伍教授等领导和专家的多年支持和帮助，课题调研和讨论参加者有张国华研究员、冯俏彬教授、樊继达教授、黄锟教授、李万峰副教授、王海燕副教授等。一些地方领导同志为课题调研提供了方便。本书责编李强先生尽心尽力，敬业精神和专业水平令人敬佩。在此一并表示感谢！

2017年10月

于国家行政学院